康乐服务与管理

职业教育高星级饭店运营与管理（酒店服务与管理）专业教学用书

主 编 濮佳宁

华东师范大学出版社

上海

图书在版编目（CIP）数据

康乐服务与管理 / 濮佳宁主编 .—上海：华东师范大学
出版社，2016.5
ISBN 978-7-5675-5318-7

Ⅰ.①康…　Ⅱ.①濮…　Ⅲ.①休闲娱乐 – 商业服务 – 中等
专业学校 – 教材②休闲娱乐 – 商业管理 – 中等专业学校 – 教材
Ⅳ.① F719.5

中国版本图书馆 CIP 数据核字（2016）第 128843 号

康乐服务与管理

职业教育高星级饭店运营与管理（酒店服务与管理）专业教学用书

主　　编　濮佳宁
责任编辑　罗　彦
责任校对　邱红穗
插　　图　庄晓微　蒋梦婷
封面设计　庄玉侠
版式设计　罗　彦

出版发行　华东师范大学出版社
社　　址　上海市中山北路 3663 号　邮编 200062
网　　址　www.ecnupress.com.cn
电　　话　021-60821666　行政传真 021-62572105
客服电话　021-62865537　门市（邮购）电话 021-62869887
地　　址　上海市中山北路 3663 号华东师范大学校内先锋路口
网　　店　http://hdsdcbs.tmall.com

印 刷 者　浙江临安曙光印务有限公司
开　　本　787 毫米 ×1092 毫米　1/16
印　　张　14
字　　数　311 千字
版　　次　2018 年 6 月第 1 版
印　　次　2024 年 1 月第 6 次
书　　号　ISBN 978-7-5675-5318-7/G·9556
定　　价　38.00 元
出 版 人　王　焰

出版说明 CHUBAN SHUOMING

本书是职业教育高星级饭店运营与管理（酒店服务与管理）专业教学用书。

本书立足于培养高星级酒店康乐部门与相关部门的专业人才，适用于实训课程，亦适用于酒店康乐部人员的专业技能与服务流程培训。书中包含了大量酒店康乐服务的案例以及康乐部设施设备的图片，使学习者能更直观地理解相关专业知识与技能内容。

本书共分为五个项目，分别为认识酒店康乐服务、学习运动健身类康乐服务项目、学习休闲娱乐类康乐服务项目、学习保健养生类康乐服务项目以及学习酒店康乐项目的管理工作，以尽可能全面地阐述康乐服务与管理的相关知识和技能。每个项目下还分为若干模块，每个模块由以下几个栏目组成：

学习目标：分为知识目标和技能目标，使学习者在学习之前先了解项目模块的核心要求。

活动：每项任务后的小活动，使学习者在富有趣味的活动中巩固所学知识。

课外主题活动：每个模块后的主题活动，帮助学习者巩固整个模块的知识点。

拓展阅读：课外的补充学习资料，帮助学习者拓展相关知识面。

酒店名言：帮助学习者提升职业素养。

本书相关教学资源请至 have.ecnupress.com.cn 中的"资源下载"栏目，搜索关键字"康乐"进行查找和下载，或与我社客服联系（QQ：800001727）。

华东师范大学出版社

前言

QIANYAN

近年来，职业教育越来越受到社会各方面的重视。在国家有关教育的规划、政策文件中多次提到加快职业教育的发展与增强职业教育的吸引力。在教学方面，越来越多的专家、学者、教师关注并研究职业教育的教学法，探讨如何使教学法更贴近学生。而本教材正是在这种背景下，探讨如何使教材更贴近职业学校的学生。

教材是为教师的教学和学生的学习服务的，而核心是为学生的学习服务。本教材试图通过体例的创新，提升学生对教材的阅读兴趣。同时也可以作为在职人员泛读与学习的专业书籍。

党的二十大报告指出，必须坚持在发展中保障和改善民生，鼓励共同奋斗创造美好生活，不断实现人民对美好生活的向往。酒店的康乐项目正是人们实现美好生活的重要内容，是人们追求健康、缓解压力、愉悦心情的有效途径。酒店康乐部门具有明显的特点，即分类多、涉及面广、知识点细、拓展内容丰富、实用性强、实践中变数大、交叉学科内容较多，但由于教材篇幅有限，很难做到面面俱到。

基于以上原因，本教材在体例的设计上做了一定的探索。

第一，根据读者的阅读偏好，采用多图简语的方式，尽量呈现直观的视觉感知，使学生易读、乐读。

第二，根据不同的康乐项目清晰分类，便于检索。

前言
QIANYAN

第三，基于懂客人才能懂服务的理念，站在客人的认知角度进行相关服务的学习，通过换位思考提升服务意识。

第四，设计各种课内课外活动，且形式丰富；答案大多为开放式，以便充分发挥学生的自主性。

第五，不追求面面俱到，针对不同的项目只挑选具有特色的服务技巧点进行展开，提升学生学习的有效性。

第六，设计各种服务情境表演，发挥学生的创造力，使其在实践中理解和运用学科知识与服务技巧。

第七，提供详实的课外背景资料供学生参考，适应大数据时代的需求。

综合而言，我们力求让教材本身灵动起来，在提升教材的可读性的同时，也期望它能成为抛砖引玉的那块"砖"。

在本教材的编写过程中，我们反复征求了酒店管理专业、高星级饭店运营与管理专业学生的意见和建议，用尽可能贴近他们的语言来撰写，以符合他们的知识建构过程，努力做到浅显而不失专业，实用而不割裂理论。在此，对这些提供了大量宝贵意见和建议的学生们表示由衷的感谢。此外，本书的编写还受到了华东师范大学出版社编辑的协助，以及上海市浦东外事服务学校的支持，在此衷心感谢。

编　者

目录 MULU

目录
MULU

项目一

认识
酒店康乐服务

模块

康乐的起源与发展

1. 了解"康乐"一词的含义。
2. 熟悉"康乐"活动的发展阶段。
3. 熟悉酒店康乐部门的现状和管理模式。
4. 知道酒店康乐部门的发展前景。
5. 掌握康乐部门的作用。

任务一　认识"康乐"

一　"康乐"的含义

　　"康乐"一词的字面意思十分浅显，即为健康快乐的意思。在中国历史上，这个词最早出现在《礼记·乐记》中："啴谐慢易、繁文简节之音作，而民康乐。"而在梁启超《论进步》中也有涉及："其群治之光华美满也如彼，其人民之和亲康乐也如彼。"这里的康乐主要是安乐的意思。无论是《礼记·乐记》还是《论进步》，虽然都提及"康乐"二字，但与现在酒店中"康乐"的含义不同。

　　在英文中，"康乐"相关的词汇有：health（一般译为健康）、happiness（一般译为幸福、高兴）、well-being（一般译为生活安宁、幸福）、recreation（一般译为消遣、娱乐）、entertainment（一般译为娱乐、消遣、招待）。其中，从酒店健身与休闲娱乐的范畴来看，以上单词中与之含义比较接近的是娱乐、消遣，recreation和 entertainment都有这层意思。在酒店中，一般将集健身、娱乐、休闲为一体的康乐部门用recreation来表示，原因是entertainment主要侧重于别人的款待，比如他人的表演使得当事人得到娱乐。当然，不同的酒店也有不同的翻译方法，本教材采用 recreation这一较为普遍的用法，即将康乐中心译为 Recreation Centre。

▲ 康乐中心（1）

▲ 康乐中心（2）

二　康乐活动的发展阶段

　　康乐的历史久远，随着社会的不断进步，如今的康乐已经不再局限于身体的锻炼和精神的娱乐，它逐渐成为了人们社交活动、文化交流，甚至是业务洽谈的一种途径。

1. 起源发展阶段

人类很早就把走、跑、跳跃、投掷、攀登等动作作为生产劳动和日常生活所需具备的基本技能。人们发现通过开展这些活动，就可以强身健体、提升技能，这是康乐活动的萌芽阶段。在原始社会，由于部落之间的战争频繁，为了鼓舞士气，产生了一种具有操练性质的军事舞蹈，这就是康乐的进一步发展。

2. 高速发展阶段

随着人类社会的发展，科技与文化的进步，人们从无法满足温饱，到有食物结余，这样的变化使得人们有能力将自己的可支配闲暇时间用于娱乐。因此，各种休闲娱乐活动得到了大力的发展，而各种休闲娱乐的场馆也应运而生，逐渐形成了康乐文化，甚至是康乐经济。

3. 标准化发展阶段

通过进一步的发展和整合，康乐活动的服务标准逐渐被确立，康乐活动的类别也逐渐丰富起来，康乐活动所覆盖的地区也越来越广泛。康乐活动形成了自己的标准体系，各种项目的内容更具有专业化水准。

4. 专业细分化发展阶段

目前，康乐活动已经进入专业细分化发展阶段，许多原有的大类因信息社会的发展而逐渐被进一步细分。这样的细分能更加精准地将康乐服务指向不同的细分受众群体，同时能更精准地满足不同客户的不同需求，康乐服务的专业化优势变得更强。

▲ 专业细分化(1)　　　　　　　　　▲ 专业细分化(2)

活动一：

通过网络搜集资料，讨论酒店的康乐项目可以细分为哪些类别？

第一步：通过网络搜索引擎，收集关于酒店康乐部开设项目的相关资料。

第二步：整理资料，归纳出目前酒店康乐项目的主要类别，以及这些大类下的细分项目。

第三步：将整理后的资料制作成 PPT，在班上和同学交流。

任务二　认识酒店康乐部

随着社会的发展，对于现代酒店，客人们早已不再满足于对住宿的需求。酒店为了吸引客人，相继增加了餐饮、商务、购物等服务，随后又出现了健身中心、游泳池等康乐设施，康乐部门成为酒店中继酒店客房部门、餐饮部门、商务部门后的新兴部门。

一　酒店康乐部门的现状和管理模式

随着消费者消费水平的逐渐提高，他们的需求也越来越多。康乐部门的出现，使消费者在选择酒店时逐渐将目光转移到了酒店所能提供的康乐服务上。以往酒店在设立各类康乐项目时，常处于别人有什么项目，自己的酒店也设立什么项目的这一水平上，而现在的酒店在吸取了相关经验后，也懂得了合理地运用自己的资源去设立独具特色的康乐项目，使得酒店的风格更加突出。这样具有特色功能的康乐项目无疑是吸引客人的重要条件之一。作为酒店收入中的重要部分，康乐项目直接影响着酒店的盈利水平。

现今，由于酒店康乐部门的迅速发展，出现了不同的康乐部门管理模式。

1. 自营式管理模式

自营式管理模式，即康乐部门的人力、财力、物力统一由酒店管理。这是一种常见的、传统的管理模式，它的优势是能够统一化地根据酒店自身的需求去规划和经营，还能够同其他部门协调发展。该模式的不足之处在于管理效率不高，不能够适应市场需求的变化，这是造成大部分酒店康乐部门盈利不理想的主要原因之一。

2. 业务外包式管理模式

业务外包式管理模式，即酒店将康乐部门交给专业型的公司来经营管理。这是一种国外酒店康乐部门常见的管理模式，也逐渐成为中国酒店康乐部门主流的管理模式。它的优势是能够降低成本，并把康乐项目做得更专业化，但在选择康乐业务的外包公司时，需要注意其专业性和知名度。

3. 实体化管理模式

实体化管理模式，即让康乐部门独立出来，采用合资、股份或子公司的形式来经营。这是一种应对康乐业务量及其市场影响力都较大时而出现的一种管理模式。它可以大大降低经营康乐部门存在的风险和不确定性。

▲ 酒店康乐设施(1)

二 酒店康乐部门的发展前景

随着市场需求的日益增大，康乐部门所提供的服务已经成为酒店行业不可或缺的竞争手段。而且，康乐项目作为新兴的时尚休闲项目，在酒店中有很大的发展空间。随着消费者对于精神享受的追求，对于体育健身和自身保养需求的提升，酒店越来越重视对康乐部门所设项目的研究和开发，因此可以说，康乐部门具有广阔的发展前景。

▲ 酒店康乐设施(2)

三 酒店康乐部门的作用

1. 酒店星级评比的重要标准

根据我国旅游局出台的《中华人民共和国星级酒店评定标准》中的规定，三星级到五星级的酒店都必须有一定的康乐项目，这也是一些酒店最初设立康乐部的原因之一。

2. 吸引客人，增加收益

客人在挑选酒店时，越来越重视酒店是否具备富有特色的康乐项目。因此，康乐部门的设立已成为了吸引客人的要点之一。随着客人对于康乐项目的需求增多，康乐部门的盈利水平也逐渐增高，这对于市场不景气的酒店行业来说，康乐部门的收益无疑可以影响整个酒店的盈利水平。

3. 为酒店树立良好的口碑

如果酒店康乐部门中的项目设立得好，且能提供优质的人性化服务，这样在提高酒店收入的同时也能为酒店树立一个良好的口碑。此外，拥有一个成熟的康乐部门是酒店在行业竞争中最有力的竞争手段之一。

▲ 酒店康乐设施(3)

活动二:

根据目前所学到的与康乐部门有关的知识，将以下情境中的对话补充完整并进行表演。

小李刚到A酒店的康乐部进行实习，由于小李没有学习过康乐服务的相关知识，因此对康乐知识很陌生。于是，小李便向老员工王师傅请教。

小李: 王师傅，请问康乐是什么意思啊?

王师傅: ＿＿＿＿＿＿＿＿＿＿＿＿＿＿＿＿＿＿＿＿＿＿＿＿＿＿＿

小李：您能和我说说康乐部的作用吗？

王师傅：_____

小李：我知道了！原来康乐部门也是十分重要的部门啊！

课外主题活动

（1）解释下面的单词：

health、happiness、well-being、entertainment、recreation、Recreation Centre。

（2）填空：

康乐的发展阶段包括：起源发展阶段——（   ）发展阶段——（   ）发展阶段——专业细分化发展阶段。

（3）找出正确的解释并将字母序号填入括号内：

① 传统自营式管理模式。   （   ）

② 业务外包式管理模式。   （   ）

③ 实体化管理模式。   （   ）

解释：

A. 让康乐部门独立出来，采用合资、股份或子公司的形式来经营的管理模式。

B. 康乐部门的人力、财力、物力统一由酒店管理的管理模式。

C. 将康乐部门交给专业型的公司来经营管理的管理模式。

拓展阅读

著名的酒店教育机构

瑞士的酒店管理学校素有"高级酒店管理人才和职业经理人摇篮"的美誉，其酒店管理教育与瑞士手表和军刀一样，是瑞士的金字招牌。

1. 瑞士洛桑酒店管理学院

洛桑酒店管理学院是瑞士规模最大的酒店管理学院之一，是瑞士12家酒店管理学校协会成员之一，就读于该院的学生毕业时可以拿到瑞士、美国和英国三个不同国家的文凭与学位。另外，学校会安排学生在各级酒店实习，将理论知识与实际经验相结合，同时也会协助毕业

瑞士洛桑酒店管理学院

生寻找各种就业机会。

瑞士洛桑酒店管理学院对中国旅游从业人员，尤其是对酒店业的员工来说并不陌生。作为世界上历史最悠久、专业声誉最高的国际酒店管理人员培训院校之一，洛桑酒店管理学院每年要接受400余名来自世界各地的学子就读，在校学生总量通常为2000人，其中1000人在校内学习，另外1000人在世界各地的酒店实习。学院培养出来的中、高级管理人才是世界上各酒店最受欢迎的才俊。据统计，当前全球16家大型酒店集团中，就有9家酒店集团的总裁或董事长是洛桑酒店管理学院的毕业生。洛桑酒店管理学院在这一领域的实力及影响力可见一斑。

2. 瑞士格里昂高等教育管理大学

格里昂高等教育管理大学创办于1962年，其前身为格里昂酒店管理大学，是世界著名的酒店及旅游管理学院之一。自建立伊始至今，格里昂高等教育管理学院一直在成长和发展，其拥有高质量的基础设施以及新颖的教育方法。学校的毕业文凭不但被瑞士当局认可，更受到欧美酒店业推崇，而且其学分也获得美国院校的认可。

▲ 瑞士格里昂高等教育管理大学

酒店名言

弓既然拉开，就要射出有力的一箭；船已经开航，就要经得起风浪和漩涡。

模块

酒店康乐部的项目设置与组织机构设置

1. 了解酒店康乐项目的分类及其设置原则。
2. 熟悉酒店康乐部组织机构设置的原则。
3. 掌握酒店康乐部的组织机构设置方式。

任务一　了解酒店康乐部的项目设置

一　酒店康乐项目的分类

1. 运动健身类

运动健身类的康乐项目是为了满足客人锻炼身体、增强体质等需求而设立的，如：网球、保龄球、台球等。这类项目不同于体育项目，它不需要很强的专业性。客人参与这类康乐项目主要是为了锻炼身体，从运动中找到乐趣。

▲ 运动健身类康乐项目

▲ 休闲娱乐类康乐项目

2. 休闲娱乐类

休闲娱乐类的康乐项目是为了满足客人放松心情、缓解压力等需求而设立的。这类项目通过内容丰富、品位较高的娱乐项目来吸引客人。客人参与这类康乐项目可以得到愉悦的心情和放松的体验。

3. 保健养生类

保健养生类的康乐项目是为了满足客人放松身心、恢复体力、消除疲劳等需求而设立的。这类项目是通过环境设施和专业服务人员提供的相关服务来吸引客人的。

▲ 保健养生类康乐项目

二　康乐项目的设置原则

酒店康乐项目的设置原则通常包括经济效益和社会效益原则、满足客人正当需求原则、突出经营特色原则、合理配套原则以及因时、因事、因地制宜原则。

1. 经济效益和社会效益原则

现在许多酒店响应政府全民健身的号召，将康乐部对外开放，既对住店客人提供服务，也为非住店客人提供服务，这样不仅增加了酒店的收益，也响应了号召，提升了酒店形象。

▲ 将康乐部对外开放

▲ 提供正当、健康的服务

2. 满足客人正当需求原则

在酒店中，客人对康乐项目的正当需求包括：趣味性、健身性、高雅性、新奇性及刺激性等。作为服务人员，我们应当为客人提供正当、健康的服务，杜绝黄、赌、毒这三害进入康乐部。

3. 突出经营特色原则

每家酒店都有其特色，所以酒店的康乐项目应该结合酒店自身的特点，以独特而又高品质的项目来吸引客人。

4. 合理配套原则

在设置酒店的康乐项目时，应该根据酒店的实际情况，配置能与酒店合理配套的康乐项目设施，并可根据季节、气候等自然因素设置康乐项目。

▲ 合理配套原则

5. 因时、因事、因地制宜原则

酒店康乐项目的设置还要根据酒店自身的地理位置、环境以及客人数量和客人层次的不同特点来决定。

活动一：

在知道了康乐项目的分类后，不如让我们再加深一下了解吧！

第一步：根据所学内容，在各类康乐项目中选取一项你最喜欢的，或是你亲身体验过的项目。

第二步：运用网络搜索引擎，搜集与这一项目有关的图片及文字资料。

第三步：制作成一个PPT，页数不少于4张。

第四步：在课堂上为大家讲解一番。

任务二 了解康乐部的组织机构设置

一 康乐部组织机构设置的原则

1. 分工明确、密切配合原则

康乐部的组织形式要为康乐部的经营服务，其机构设置要适合经营业务。康乐部内部的机构设置必须明确其功能、作用、任务、内容以及工作量是否合理，明晰各项目之间的关系等。

2. 适应经营管理需要原则

这是指酒店康乐部的组织机构设置既要便于管理，又要适应经营需要。在进行组织机构设置后，酒店接着就应配备相应岗位的管理人员。一般情况下，一名管理人员的管理跨度不应超过八项，以三至六项为宜。同时，酒店还应避免机构臃肿、人浮于事，要因事设职，不要因人设职，层级数量应合理。

3. 统一领导、分级管理原则

这是指每一级的人员只由相应上一级的一名主管领导，不能多头领导。各层级的负责人管理本层级的人员，不得越级。然而，垂直统一领导必然会产生管理层次。如果管理层次过多，则降低了管理工作的效率，如果管理层次过少，则降低了管理工作的质量，因此，管理层次的设置应适度。

总之，康乐部的组织机构设置应以达到管理工作质量与效率的最佳组合为目标，结合康乐经营的规模、档次、项目、特点以及员工素质而定。

▲ 统一领导、分级管理原则

二　酒店康乐部的组织机构设置

酒店康乐部的组织形式要为康乐部的经营服务，其机构设置要适合经营业务。康乐部内部的机构设置，必须明确其功能和作用、任务和内容、工作量是否合理以及和其他项目的关系等，还应配备相应的管理人员。按照西方的管理模式，一般的职务都是一职一人，原则上不设副职。

康乐部的等级链应是一条权力线的链锁，在其每个环节上都应有相应的权力和职责，下级只接受一个上级的领导，不能有多头领导。常见的康乐部门组织机构形式有以下两种：

1. 康乐部归属其他部门的组织机构设置

如果康乐项目在酒店所有服务项目中占比较小，则康乐部一般会隶属于某一部门，如餐饮部、客房部等。

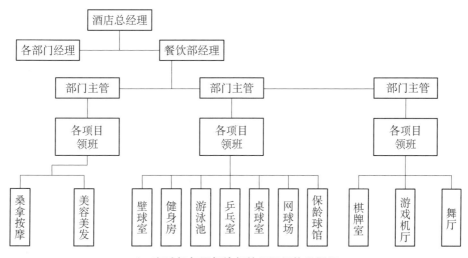

▲　**康乐部归属餐饮部的组织机构设置图**

2. 康乐部独立成部的组织机构设置

如果康乐项目在酒店所有服务项目中占比较大，则一般会将康乐部作为一个独立的部门。

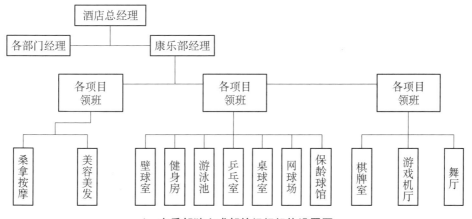

▲　**康乐部独立成部的组织机构设置图**

活动二：

根据所学到的康乐部组织机构设置的知识，将以下情境中的对话补充完整并进行表演。

小李在 A 酒店康乐部的高尔夫球场当服务员，由于他是新来的服务员，所以对自己所处部门的组织机构设置不是很了解，于是他去向老员工张师傅请教。

小李：我对咱们部门的组织机构设置不是很了解，您能和我说说吗？

张师傅：_____

小李：咱们康乐部是独立的一个部门还是隶属于哪个部门的呢？

张师傅：_____

小李：明白了。如果我在服务中遇到了某些问题，我该向自己的直接领导汇报，还是可以向其他间接领导汇报呢？

张师傅：_____

小李：谢谢您，让我知道了咱们康乐部门的基本情况。

课外主题活动

根据目前所学知识，完成下面的练习。

(1) 下面哪个项目不属于康乐项目？（　　）

A. 运动健身类　　　　　B. 养生餐饮类　　　　　C. 保健养生类　　　　　D. 娱乐休闲类

(2) 下面哪个康乐项目不属于运动健身类？（　　）

A. 羽毛球　　　　　　　B. 高尔夫　　　　　　　C. 瑜伽　　　　　　　　D. 棋牌

(3) 下面哪个康乐项目不属于娱乐休闲类？（　　）

A. 游泳　　　　　　　　B. 电动游戏　　　　　　C. 酒吧　　　　　　　　D. 舞厅

(4) 下面哪个康乐项目不属于保健养生类？（　　）

A. SPA　　　　　　　　B. 桑拿　　　　　　　　C. 美容美发　　　　　　D. 桌球

(5) 下面哪一项不属于康乐部组织机构设置的原则？（　　）

A. 分工明确、密切配合原则　　　　　　　　　B. 一职多人原则

C. 适应经营管理需要原则　　　　　　　　　　D. 统一领导、分级管理原则

扩展阅读

酒店协会介绍

1. 美国饭店协会

美国饭店协会创建于1910年。该协会是一家专门提供从教育、运营管理、技术、市场、资讯服务到帮助政府处理酒店领域事务的全球性的行业协会，是一家为酒店及旅游业人员提供专业领域提升与发展的国际专业机构。

▲ 美国饭店协会

2. 中国酒店行业协会

中国酒店行业协会是由从事酒店及酒店用品制造及销售的企事业单位、团体和经营管理人员自愿组成的全国性的跨部门、跨所有制、非营利性的行业性组织。协会现有会员单位1000多家。协会以服务于中国酒店行业发展的研究为宗旨，致力于我国酒店如何打造品牌，如何创新管理，如何提高综合竞争力，如何打造民族酒店品牌等一系列问题的研究及探索。同时积极承担政府事务服务、技能培训服务、信息共享服务、会员交流服务、出国考察服务等实质性的工作。

▲ 中国酒店行业协会

酒店格言

对于我们做错的事情要诚实相告，取得客人谅解，绝不可花言巧语，掩盖错误，那样将使客人永远不再信任我们！

项目二

学习
运动健身类康乐服务项目

模块 一

网球项目的相关知识及其服务

学习目标

1. 知识目标

（1）了解网球运动的发展过程。

（2）熟悉网球项目的场地、用品等设施设备。

（3）知道网球项目的相关规则。

2. 技能目标

（1）能够为客人提供符合规范和标准的网球项目服务。

（2）能够运用所学到的网球计分方法为客人进行球场计分。

（3）能够运用所学到的网球拍相关知识为客人挑选球拍。

任务一 认识网球运动

网球运动的发展过程

网球运动起源于14世纪的法国宫廷，起初只是用简陋的绳子划定界限，用手来拍球。到16世纪，打网球不再是用手拍球，而是用木板来代替手。网球当时一度在民间流传，但被国王发现后便成为宫廷的专属运动。到17世纪，简陋的绳子被换成了小方格子的网，打球的木板被改为穿线的网拍。当时由于网球的发展方向错误而演变成了一种赌博，此时网球又一次被禁止，这导致18世纪初网球运动的衰败。

现代网球运动是由英国人沃尔特·克洛普顿·温菲尔德在1873年改进早期网球得来的，并被称为"草地网球"。1875年，全英网球运动俱乐部成立，并建造了第一个网球场地。1877年，全英草地网球男子单打锦标赛拉开序幕，这就是现在的温布尔登网球赛。

1885年，网球运动传入中国，最初只在大城市中的外国人之间流行，后来开始在学校发展。1898年，上海圣约翰书院举行了斯坦豪斯杯网球赛。

中华人民共和国成立后，网球运动得到了较大的发展。1953年，包括网球等四项球类项目的运动会在天津举行。1956年，网球等级联赛定期举行。各项网球赛事的先后举办促进了网球技术的快速发展。

早期的网球运动（1）

▲ 早期的网球运动（2）

二 网球项目的相关设施设备

1. 网球场

（1）网球场的类型。网球场可分为室外和室内，且有各种不同的球场表面，较常见的有以下几种：

① 草地场。草地球场是历史最悠久、最具传统意味的一种场地，其特点是地面与球摩擦小，对球反弹的速度快。因此，在草地场打球更能体现出球员的速度和技巧。但是，由于草地场的造价较高，难以普遍建设和维护。

▲ 草地场（1） ▲ 草地场（2）

② 红土场。红土场又称"软性球场"，其特点是球与地面的摩擦较大，球的反弹速度较慢。因此，在红土场打球更考验球员的耐力及意志力。

▲ 红土场 ▲ 硬场地

③ 硬场地。硬场地是一种由水泥和沥青铺垫的，且在上面涂有塑胶面层的网球场地，是目前最为常见的一种场地，其特点是具有"爆发力"（球的反弹速度很快），但也容易使球员受伤。

④ 地毯场。地毯场是一种"便携式"可卷起的网球场地，表层为塑胶面层、尼龙编织面层等，其特点为方便运输、适应性强。

（2）网球场的规格。网球场是一个长为23.77米，宽为8.23米（单打的宽度）的矩形，中间由一条粗绳索或钢丝绳的球网将场地分隔开，球网绑在高1.07米，直径为15厘米的圆柱上。

地毯场

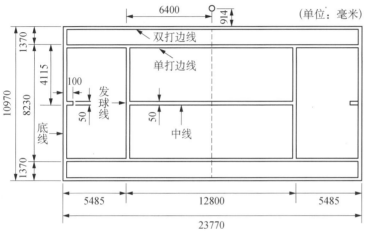

（单位：毫米）

▲ 网球场的规格

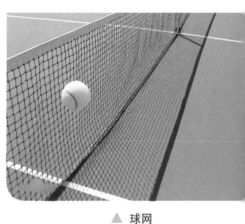

▲ 球网

2. 球场线

球场两端的界线叫底线，两边的界线是边线，发球线与球网平行，相距6.4米。球网、发球线和边线组成的区域被中线划分为两块发球区，发球中线连接发球线中点，与边线平行。

3. 永久固定物

永久固定物主要有球网、单打支杆、网柱、钢丝绳、网绳、网带、中心带、球场挡板、椅子、看台、观众席等。

4. 网球

网球一般为白色或黄色的橡胶球，其内部中空，表面由毛呢、绒布、羊毛等材料均匀覆盖。

球场线

网球

▲ 网球拍

5. 网球拍

网球拍由拍头、拍喉、拍柄组成，配合网球线、避震器等配件使用。

根据球拍使用的线的种类不同，球拍大致可分为以下几种：

（1）天然牛（羊）肠弦。天然的肠弦有很好的弹性，这是人造肠弦所不能超越的，但天然的肠弦目前并未被普遍使用。

（2）人造羊肠弦。它是用尼龙丝仿造羊肠弦制作的，其明显特征就是中心没有"芯"。

（3）克维拉弦。它比其他的弦都耐用一些，但是比较硬，没有好的弹性。

▲ 天然牛（羊）肠弦

▲ 人造羊肠弦

（4）聚酯弦。它是在尼龙弦上包上一层聚乙烯物质，并让它们融合为一体，这样弦弹性丧失得最快。

▲ 聚酯弦

▲ 尼龙弦

（5）尼龙弦。尼龙弦是目前最受球员喜爱的线弦之一，其价格低廉且性能接近于天然牛（羊）肠弦。

根据拍子的材料不同，球拍大致可分为以下几种：

（1）木板拍。它由木材组成，是早期的网球拍，目前已被淘汰。

▲ 木板拍

▲ 合金拍

（2）合金拍。它由铝合金组成，成本较低，售价便宜，是目前比较普及的一种球拍。

（3）铝碳一体拍。它的主材料是铝合金，加上一些碳素纤维，是用粘合工艺连接而成的。

（4）全碳素拍。它由碳素纤维组成，重量轻，利于技术的发挥，适用于专业型的选手，售价比较高。

▲ 铝碳一体拍

▲ 全碳素拍

 网球的相关规则

1. 网球的基本规则

（1）发球。

① 发球前的规定。

- 发球员在发球前，应先站在底线后且在中线标记和边线的假定延长线之间的区域里。
- 用手将网球向空中任何方向抛起。
- 在球接触地面以前，用球拍击球发出。
- 球拍与网球接触时就算完成发球。

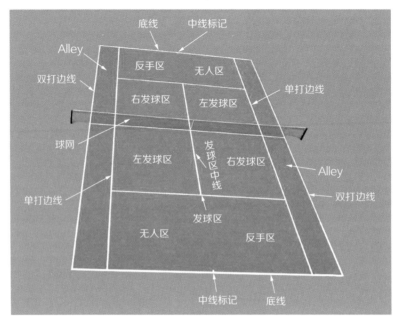

底线　中线标记

Alley

双打边线

反手区　无人区

右发球区　左发球区

单打边线

球网

左发球区　发球区中线　右发球区

Alley

单打边线

双打边线

发球区

中线标记　底线

无人区　反手区

▲ 网球场示意图

② 发球时的规定。

发球员在整个发球动作中，不得通过行走或跑动改变原来站的位置，两脚只准站在规定位置，不得触及其他区域。

③ 发球时的位置。

• 每局开始，先从右区底线后发球，得或失一球后，应换到左区发球。

• 发出的球应从网上越过，落到对角方向的对方发球区内，或其周围的线上。

④ 发球失误。

• 未击中球。

• 发出的球在落地前触及固定物（擦网除外）。

• 违反发球站位规定，发球员第一次发球失误后，应在原发位置上进行第二次发球。

⑤ 发球无效。

如果球下网或落到对角发球区外，则发球失误，接球员未做好接球准备应重新发球。

⑥ 交换发球。

第一局比赛终了，接球员与发球员互换，之后的每局结束都要依次互相交换，直至比赛结束。

（2）通则。

① 交换场地。

• 双方应在每盘的第1、3、5等单数局结束后，以及每盘结束双方局数之和为单数时，交换场地。

• 在抢7分比赛中，双方分数相加每6分更换一次场地。

② 失分。

- 在球第二次着地前，未能还击过网。
- 还击的球触及对方场区界线以外的地面、固定物或其他物件。
- 还击空中球失败。
- 故意用球拍触球超过一次。
- 球员的身体、球拍在还击期间触及球网。
- 过网击球。
- 抛拍击球。
- 发球双失误。

③ 压线球。

落在线上的球都算界内球。

（3）双打。

① 双打发球次序。

每盘第一局开始时，由发球方决定由谁首先发球，对方则同样的在第2局开始时，决定由谁首先发球。第3局由第1局发球方的另一个球员发球。第4局由第2局发球方的另一个球员发球，以此类推。

② 双打接球次序。

先接球的一方应在第1局开始时，决定谁先接发球，并在这盘单数局中继续先接发球。双方同样应在第2局开始时，决定谁先接发球，并在这盘双数局中继续先接发球。他们的同伴应在每局中轮流接发球。

③ 双打还击。

接发球后，双方应轮流由其中任何一名队员还击。如球员在其同队队员击球后，再以球拍触球，则判对方得分。

2. 网球的计分规则

女子网球比赛一般采用的是3盘2胜制，男子网球比赛一般为5盘3胜制。在比赛中先胜六局为一盘。若局数是5比5，则有一方必须净胜两局才能结束这一盘。局的计分法分为"发球局"及"决胜局"两种制度。

（1）发球局。

进行发球局时，赢第一球时得15分，赢第二球时共得30分，赢第三球时共得40分。一方赢第四球时，另一方所得的分数如低于40分，则先赢四球者胜此局。但如双方同样取得40分时，则需进行"平分"。"平分"时赢第一球者被称领先，如各赢一球则需再进行"平分"，直至一方净胜对手两球才算赢此局。

（2）决胜局。

当双方打到6：6平局时，就需要进行决胜局（也叫抢七局），选手赢得此局就能赢得这一整盘比赛。在决胜局，赢一球就加1分。比赛双方每人轮流发两球。当一方取得7分，而另一方只取得5分或以下时，取得7分者赢得此局。双方都同时取得6分时，一方必须净胜对手两分才能赢得此局。

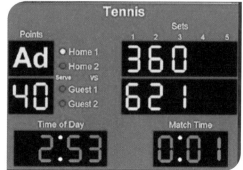

▲ 网球比赛计分牌

▲ 网球比赛

活动一：

　　请你根据所学的关于网球的知识，通过网络途径寻找一段你认为精彩的比赛视频，随后准备一个小解说并在课堂上与同学分享。

第一步：运用网络搜索引擎来搜集关于网球的比赛视频片断。

第二步：找到自己最感兴趣的一段视频并下载。

第三步：在课堂上播放视频，并结合自己所学知识与同学们进行交流。

任务二　学习如何进行网球项目服务

一　网球运动的礼仪

1. 服装礼仪

（1）参加网球运动的客人，需要穿着专业的服装：上半身着装主要以短袖且有领子的棉T恤衫为主；下半身着装分男女，男性客人主要穿着短裤，女性客人主要穿着短裙。

（2）进入球场时，穿着专用的球鞋配合厚短棉袜为最佳，不可穿硬底鞋或者带钉的鞋。

2. 比赛礼仪

（1）在比赛开始前，双方都应做好热身运动，彼此都不能打扰对方。

（2）比赛结束以后，应当礼貌地和对手以及裁判握手。

（3）比赛中，不能恶意损坏网球装备。

（4）在正式比赛场合，不能够下手发球，那样对对手具有侮辱性。

（5）在比赛中，如果对手打了好球，应该为对手鼓掌。相对应的，如果对手发挥失常，也不能喜形于色。

二　网球项目的服务流程和标准

1. 准备工作

（1）打卡签到，换好工作服，佩戴名牌，整理好自己的仪容仪表，参加班前会议，知道自己的任务。

（2）打扫网球场地卫生，保持地面干净。

（3）整理各种中英文标识、指示牌，并放在指定位置。

（4）在公告栏上标明环境情况，如：气温、湿度等。

（5）检查网球场地内设施设备运行是否正常。

（6）检查自己的手表和场馆内的时钟时间，确保两者一致、准确。

（7）准备各种工作期间需要用到的表格。

（8）查看更衣箱内是否干净，有无垃圾。

2. 迎接工作

（1）在营业前的15分钟，应站立在规定位置。

（2）见到客人应主动、热情地问候，并引导客人至办理登记手续的工作台。

（3）协助客人挑选网球拍、网球。

（4）引领客人到网球场。

3. 球场服务

（1）为客人准备好毛巾、酒水和饮料，在客人休息期间为客人提供服务。

（2）如果客人是初学者，应耐心为客人讲解网球运动的发球动作要领和发球规则，并进行动作示范。

（3）必要时为客人提供陪练服务，应根据客人情况，适当控制输赢尺度，以尽可能提高客人的活动兴趣。

（4）为客人充当临时裁判时，应提醒客人比赛的注意事项，并将比分及时告诉客人。

（5）客人打出好球时，为客人鼓掌以示鼓励。

4. 结账及送客服务

（1）检查客人用过的设施设备有无损坏，如有损坏应及时更换。

（2）征询客人的意见，如客人需要淋浴，则带领客人至淋浴区并为其准备好毛巾和拖鞋。

（3）根据收费标准，迅速地为客人结账。

（4）向客人礼貌道别，并欢迎客人下次光临。

（5）清理网球场，将器具分类放入仓库。

（6）关闭场馆门窗和电源设备。

不专业的服务

一天，程先生来到 A酒店康乐部进行网球项目的运动锻炼，可是程先生在门口等了很久才等到姗姗来迟的实习生小刘，程先生内心有些不满。随后，程先生在小刘的带领下挑选球拍，但他发现，小刘对网球拍的挑选知识并不熟悉。而且在中场休息时，小刘没有为程先生准备饮料，这使程先生很生气，于是找到领班投诉。领班了解情况后立刻向程先生道歉，并亲自为程先生准备免费的水和饮料，还为程先生讲解网球知识并示范动作。运动过后，程先生在领班的周到服务下满意地步出了大门。

 网球服务的小技能

球拍的挑选

为客人挑选球拍时，可以通过以下三个方面来选择。

1. 根据重量选择

一般来说，初学者适用重量在280~320克左右的球拍，女士不应挑选超过300克的球拍。力气相对较大的年轻人，可以尝试用300克以上的球拍。

2. 根据拍面的大小选择（1英寸约等于2.54厘米）

（1）拍面大小在95平方英寸以下是小拍面，适合力量型的年轻人。

（2）拍面大小在95~100平方英寸的是中拍面，适合力量中等且技术稳定的人。

（3）拍面大小在100~115平方英寸的是大拍面，适合力量稍弱且技术不稳定的人。

（4）拍面大小在115平方英寸以上是超大拍面，适合女士和中老年人，拍面越大，适合力量越小的人。

3. 根据握把的尺寸选择

球拍的长度一般为 27 英寸（即约 68.5 厘米），低于 27 英寸的是非成年人拍。

活动二：

根据所学到的网球项目的服务要求，将以下情境中的对话补充完整并进行表演。

在A酒店，康乐部网球室员工张师傅带着新员工小李为两位客人服务，两位客人正激烈地进行着网球比赛。

小李：原来这就是网球比赛啊，虽然以前在电视上看过，但从没在现场看过。不过感觉他们打得挺激烈的。

张师傅：那是当然了，这两位客人技术还算普通，运气好的话，你有可能会看到职业级别的客人打网球。不过客人技术好不好，我们不适合多评价，我们应当考虑的是如何做好服务工作。

小李：师傅，在客人来打网球前，我应该做些什么准备呢？

张师傅：＿＿＿＿＿＿＿＿＿＿＿＿＿＿＿＿＿＿＿＿＿＿＿＿＿＿＿＿＿＿＿＿＿

小李：假如客人要我们陪练网球，我们应该怎么做呢？

张师傅：＿＿＿＿＿＿＿＿＿＿＿＿＿＿＿＿＿＿＿＿＿＿＿＿＿＿＿＿＿＿＿＿＿

小李：在客人离开后，我还要做些什么工作呢？

张师傅：＿＿＿＿＿＿＿＿＿＿＿＿＿＿＿＿＿＿＿＿＿＿＿＿＿＿＿＿＿＿＿＿＿

◎ 课外主题活动

（1）王先生入住A酒店。在闲暇时，他想起以前的朋友和他说过打网球很有趣，于是，他来到了酒店康乐中心的网球室。王先生的相关信息为：年龄35岁，体重63千克，身高1.75米，经常到健身房锻炼身体。

那么，在这种情况下，作为酒店的康乐服务人员，我们应怎样帮助他选择合适的球拍呢？

答：＿＿＿＿＿＿＿＿＿＿＿＿＿＿＿＿＿＿＿＿＿＿＿＿＿＿＿＿＿＿＿＿＿＿＿＿

＿＿＿＿＿＿＿＿＿＿＿＿＿＿＿＿＿＿＿＿＿＿＿＿＿＿＿＿＿＿＿＿＿＿＿＿＿＿

（2）根据自身的情况填写以下表格，为自己选择适合的球拍，并说说理由。

姓名	身高（cm）	体重（kg）	平时是否经常锻炼（√或×）	进攻型或防守型	适合的拍子类型	理由

◎ 拓展阅读

酒店康乐部网球场实景欣赏

▲ 阿拉伯塔酒店网球场

▲ 星河湾酒店网球场

与网球相关的专业组织

1. 国际网球联合会

国际网球联合会（简称 ITF）是世界网球运动的最高管理机构，1913年成立于法国的巴黎，由210个国家或地区的网球协会构成。

▲ 国际网球联合会

▲ 职业网球联合会

2. 职业网球联合会

职业网球联合会（简称 ATP）的目标是保护男子职业网球运动员的利益，成立于1972年9月。

3. 国际女子网球协会

国际女子网球协会（简称 WTA）是女子职业网球的最高管理机构，成立于1973年，目的是保护女子职业网球运动员的利益。其组织的 WTA巡回赛（WTA Tour）是一项世界范围的女子职业网球巡回赛。

▲ 国际女子网球协会

▲ 中国网球协会

4. 中国网球协会

中国网球协会是中国网球运动的全国性群众组织，成立于 1935年，1981年加入国际网联，每年会举办多项全国网球运动。

世界主要的网球赛事

网球四大公开赛（四大满贯）

名称	简称	举办国家	简介	场地
Australian Open 澳大利亚网球公开赛	澳网	澳大利亚	每年1月的最后两个星期在澳大利亚第二大城市墨尔本举办	硬地
French Open 法国网球公开赛	法网	法国	每年5月至6月举办	红土
Wimbledon Championships 温布尔登网球公开赛	温网	英国	每年6月或7月举办，是网球运动最古老和最具声望的赛事	草地
US. Open 美国网球公开赛	美网	美国	每年8月底至9月初举办	硬地

酒店名言

For things to change, I must change first.
要改变一件事，首先就要改变自己。

模块

保龄球项目的相关知识及其服务

任务一　认识保龄球运动

一　保龄球运动的发展过程

据科学考证，保龄球最早是出现在公元前5200年的古埃及。大约在1920年，英国的考古学家从埃及墓道里发现了1个石球和9个石瓶，这些物件是一项游戏的道具，玩法是用石球将石瓶击倒，与如今的保龄球运动很相似。因此，保龄球运动被誉为人类历史上最古老的运动之一。

现代保龄球起源于3至4世纪的德国，它出现的时候并不叫保龄球，而被叫做"九柱戏"，是在贵族间非常盛行的一种高雅的游戏。其实，它最先是教会宗教仪式的活动之一，信徒会将球瓶全部击倒，以此代表受到上帝祝福且自己是虔诚的。但是，由于这项活动充满了趣味，因此多数人都认为这是一项愉快的游戏。现在，这个游戏已成为了一项运动。

▲ 早期的保龄球运动

二　保龄球项目的相关设施设备

1. 保龄球瓶

制作保龄球瓶的材料一般为漆木，它的外层是用塑胶涂上的，球瓶标准高度为38厘米，底部直径为5.02厘米，中间最宽的地方的周长为12厘米，重量在1.4千克至1.6千克之间。

◄ 保龄球瓶　► 保龄球

2. 保龄球

保龄球的中心一般由软木塞和合成强化橡胶混合组成，外层用硬质橡胶、塑胶或玻璃纤维包围而成。球的直径为21.5厘米，圆周为68.5厘米，球的重量通常为8~16磅（约3.6~7.2千克）。

3. 保龄球道

保龄球道由助走的走道、让球滚动的滚球道和放置瓶区所构成，材料一般为耐撞击的漆树木板或松树木板。球道由39块细长板条拼接而成，长为19.15米，宽为1.024~1.066米。犯规线在离1号瓶18.26米的地方。球道表面有一层特殊的防护漆。

▲ 保龄球道

▲ 保龄球鞋

4. 保龄球鞋

保龄球鞋的左右脚是不同的。用右手打保龄球的人，右脚鞋底有橡胶，左脚鞋底有皮革或者布块，以确保助跑和滑步的稳定性。如果是习惯用左手打球的人，与之相反。

 保龄球的相关规则

保龄球是以局为单位，以击倒球瓶数的多少来计分并决定胜负的。一局分为10轮，每轮有两次投球的机会。如果在一轮中，第一次投球把10个球瓶全部击倒，即全中，就不能再投第二次。唯有第10轮不同，第一次投球如果投得全中，仍要继续投完最后两个球；如果是补中，就要继续投完最后一球，结束全局。要注意的是，在第10轮中，如果两次投球没有将10个瓶全部击倒，那么第三次机会就会被自动取消。

活动一:

在了解了康乐部保龄球项目的相关知识后，根据所学的关于保龄球的知识，选择一个你最感兴趣的与保龄球相关的设施设备，通过网络、书籍等各种途径来进一步了解它们，并制成电脑小报，随后在课堂上与同学一起交流。

第一步：选择一个与保龄球相关的设施设备，如：保龄球瓶、保龄球、保龄球道和保龄球鞋等。

第二步：运用网络搜索引擎来搜集你选择的那个设施设备的文字资料或图片。

第三步：制作成 word 文档的电子小报，适当地插入图片，注意文字与图片的排版与整体设计效果。

第四步：在课堂上与同学交流。

任务二 学习如何进行保龄球项目服务

 保龄球运动的礼仪

（1）只使用自己的保龄球。

（2）礼让相邻球道的球友。

（3）投球动作结束后，不要在球道上停留太久。

（4）成绩不佳时，不要迁怒球道。

（5）不要影响投球者的注意力。

（6）待球瓶完全置换完之后再投球。

（7）当相邻投球区的人已准备好时，应当礼让。

（8）不要在投球区以外挥动保龄球。

（9）不随便评判他人的投球技术。

 保龄球项目的服务流程和标准

1. 准备工作

（1）打卡签到，换好保龄球场地工作服，佩戴名牌，整理仪容仪表，参加班前会议，了解自身任务。

（2）打扫保龄球馆内场地与服务区卫生，确保地面干净。

（3）检查保龄球馆内设施设备是否正常运作。

（4）检查自己的手表和馆内的时钟时间，确保两者一致、准确。

（5）准备各种工作期间需要用到的表格。

（6）查看公用鞋存放柜是否干净，有无垃圾，鞋子是否按照规定摆放。

2. 迎接工作

（1）迎接客人时应面带微笑，主动问好。

（2）询问客人的需求，引领客人至办理登记手续的工作台。

（3）协助客人挑选合适的保龄球鞋。

（4）引领客人至相应的保龄球道。

3. 球场服务

（1）主动帮助客人更换专用球鞋，并为有需要的客人提供一次性球鞋袜。

（2）根据客人自身情况，协助其挑选适合的保龄球。如客人需要，应对球的分类作适当的介绍。

（3）耐心地为客人讲解发球的动作要领和发球规则，为初学的客人进行动作示范。

（4）为客人准备好毛巾和饮料，并在客人休息期间提供服务。

（5）维持球场秩序，及时将球道上滞留的球送回设备内。

（6）必要时为客人陪练，应根据客人情况，适当控制输赢尺度，以提高客人的活动兴趣。

（7）在团队客人进行保龄球比赛时，如有必要，可为客人解释计算机自动计分系统的算法。

（8）当客人在参与保龄球运动时，要及时巡视保龄球场，为需要帮助的客人提供服务。

（9）关注馆内设施设备是否运行正常，如有自己不能处理的问题应及时上报。

4. 结账及送客服务

（1）按照规定迅速地为客人办理结账手续。

（2）与客人道别时应有礼貌，且热情欢迎客人下次光临。

（3）整理好保龄球馆内的各种器械，打扫好室内卫生。

（4）在保龄球馆营业结束后，按照规定做好交接工作。

干净的鞋底

　　A酒店的保龄球馆内，一组来自国外的保龄球高手正在切磋技艺。突然，8号道的防护板降下来收不回去了，服务员小张想了很多办法都没能把防护板升回去，最后不得已只好亲自走到球道的另一边手动排除障碍。只见小张冷静地拿出一双橡皮底鞋垫换上，用毛巾把鞋底擦干净，确保鞋底没有油后，慢慢地绕过助走道，迅速地手动排除了故障。同事小李看到后，来到服务区找到小张，问他："你为什么要换鞋，还要绕过助走道呢？"小张回答："因为软底的橡皮底鞋不会损伤球道，而且球道上是需要有油的，但助走道上的油量应该为零，为了不在助走道上留下油渍，只能绕过助走道。"小张的行为让国外的保龄球手十分赞赏。

 保龄球服务的小技能

读懂电子计分器

　　保龄球馆通常都配有电子计分器，服务人员应能读懂计分器，以便更专业地为客人服务。

　　保龄球的计分：击倒一个保龄球得一分，保龄球一局分为十格，每格能够连续打两球，最后一格最多能打三球。在打球时，如果第一球就把一格里的十个球瓶都击倒，这一格就算完成了，所得分数就是10分加上后两球的得分。如果在一格里面，击倒所有的瓶子花了两球，那一格也算是完成了，分数是10分加上下一格第一球所击倒的瓶数。但是，如果两球都没有击倒所有的瓶子，那得分只能是这两球击倒的球瓶数了。后面的以此类推。第十格比较特殊，因为第十格可以打三球，如在前面两球就把所有球瓶击倒，可以追加第三球。最后总分是每格所得分数相加，总分最多的人获胜。

　　"×"表示一格里只用一球就击倒所有球瓶；"/"表示一格里用了两球击倒球瓶；"—"表示失误。

	×	7	/	9	—		×	8	/	8	/	6	—		×		×	×	8	1
20		39		48		68		86		102		108		138		166			185	

▲ 计分表

上图是一张客人打完一局后的计分表，分析如下：

① 第一格。因为本格一球全中，所以得分为10分加上后两球的得分，即10+7+3=20。

② 第二格。因为本格用两球才全部打完，所以得分为10分加上后一球的得分，即10+9=19，总分为20+19=39。

③ 第三格。因为本格用两球才中9个瓶子，所以得分为9分，即总分为39+9=48。

④ 第四格。因为本格一球全中，所以得分为10分加后两球的得分，即10+8+2=20，总分为48+20=68。

⑤ 第五格。因为本格第一次投球中8个瓶子，补投后击中剩余瓶子，所以得分为10分，再奖励后一球的8分，即总分为68+10+8=86。

⑥ 第六格。因为本格用两球才打完球瓶，所以得分为10分，再加上后一球的6分，总分为86+10+6=102。

⑦ 第七格。因为本格两球加起来只中6个瓶子，所以得分为6分，即总分为102+6=108。

⑧ 第八格。因为本格一球全中，且第九格和第十格的第一球都是一球全中，所以总分为108+10+10+10=138。

⑨ 第九格。因为本格一球全中，所以得分为10分加上后两球的得分，即总分为138+10+10+8=166。

⑩ 第十格。本格第一球全中为10分，加上后面附加的两球的得分，即总分为166+10+8+1=185。

活动二：

> **根据所学的保龄球项目的服务要求，将以下情境中的对话补充完整并进行表演。**
>
> 独自来保龄球馆的客人张先生要求实习服务员小李为其提供陪练服务。小李在保龄球馆实习了半年，耳濡目染也算是个高手，前三球全中后，小李开始沾沾自喜。这时候，服务员王师傅将小李带到一旁，悄声对话。
>
> 小李：_____
>
> 王师傅：_____
>
> 小李：_____
>
> 王师傅：_____
>
> 小李：_____
>
> 王师傅：这下知道了吧? 作为陪练，你应该更注意客人的心理感想，而不是一味争胜。
>
> 小李：我错了。我不应该沾沾自喜，而是要考虑客人的成就感，掌握客人的争胜心理。

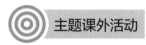

主题课外活动

第一格	第二格	第三格	第四格	第五格	第六格	第七格	第八格	第九格	第十格
/ 6	—	×	× 8	— 6	/ 7	— 9	/	× × 4	7

请你根据所学到的保龄球计分知识，计算一下上表中的得分，并把每一个格子里的数字与符号的含义写下来。

第一格：_____

第二格：_____

第三格：_____

第四格：_____

第五格：_____

第六格：_____

第七格：_____

第八格：_____

第九格：_____

第十格：_____

拓展阅读

酒店康乐部保龄球馆实景欣赏

▲ 唐山大酒店保龄球馆（1）

▲ 唐山大酒店保龄球馆（2）

▲ 美都大酒店保龄球馆（1）

▲ 美都大酒店保龄球馆（2）

酒店名言

Anger is one letter away from Danger.
对客人动怒时，离危险就不远了。

模块 三

桌球项目的相关知识及其服务

学习目标

1. 知识目标

    （1）了解桌球运动的发展过程。

    （2）熟悉桌球项目的场地、用品等设施设备。

    （3）知道桌球项目的相关规则。

2. 技能目标

    （1）能够为客人提供符合规范和标准的桌球项目服务。

    （2）能够运用所学到的桌球计分方法为客人进行比赛计分。

任务一　认识桌球运动

桌球运动的发展过程

　　桌球也称台球，起源于14世纪的西欧，在当时的富豪家庭中流行。大约在16世纪，桌球传入了法国，据说法国当时的国王路易十四特别喜欢桌球，且御医也建议国王在餐后运动，因此桌球逐渐在法国风靡。桌球运动随着时间的推移也在不断发展，比如从最初只有1个洞的球桌发展到现在的6洞球桌。19世纪初，桌球运动已逐渐走向成熟。19世纪末，该项运动传入了中国。

▲ 早期的桌球运动（1）

▲ 早期的桌球运动（2）

桌球项目的相关设施设备

　　1. 球桌

　　桌球桌分为斯诺克球桌、美式落袋球桌、花式九球球桌和开伦球桌。球桌四角及长边中部开有圆形洞口。球桌面底部由大理石铺成，大理石的表面覆盖着一层紧绷的绿色绒布。

▲ 桌球桌

2. 球

桌球刚出现的时候是由木材或黄铜制作的。1868年，美国塑料工业之父海亚特研制出塑料桌球。

▲ 球

▲ 壳粉

3. 壳粉

壳粉又被称为巧粉，是将石灰粉压制成正方形的滑石块。它常被涂在杆头的皮革上，可用来增加球杆和主球之间的摩擦。

4. 球杆

球杆材料多为坚实的硬木，长度在91厘米以上，杆头由皮革制作而成。为了便于掌控，球杆特设成前细后粗。

5. 加长把

加长把可加在球杆尾部，从而增加球杆的长度，以帮助球手击打远处的主球。

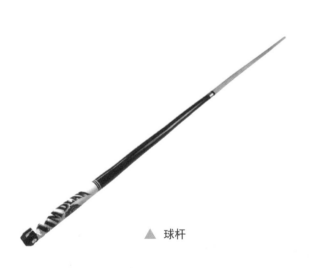

▲ 球杆

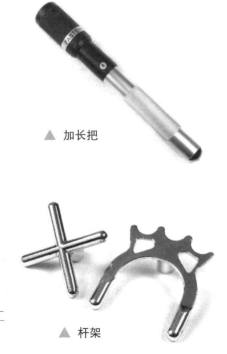

▲ 加长把

▲ 杆架

6. 杆架

杆架主要有十字杆架和多槽式杆架，是球杆的辅助工具。球手可将球杆靠在杆架上，用于稳定球杆。

7. 三角框

三角框是开赛前用来将桌球准确无误地摆放成正三角形标准区的辅助工具。

▲ 三角框

 桌球的相关规则

1. 斯诺克规则

（1）基本概况：斯诺克的球台内沿长 350 厘米，内沿宽 175 厘米，高 85 厘米。

（2）置球点：球台上有四个置球点位于纵向中心线上。①黑球置球点距顶岸垂直距离为32.4厘米；②蓝球置球点为球桌正中心；③粉球置球点为顶岸与蓝球点连线的正中点；④棕球置球点为开球线的中心点。另外，从开球区的一侧看，开球区与开球线的右交叉点为黄球点，左侧交叉点为绿球点。

（3）注意事项：

① 标准击球顺序：将红色球与彩色球分别交替击打落袋，直至所有红色球全部离台，然后按彩球分值由低至高的顺序击球，直至彩球全部离台为止。

② 一杆球之内，每个入袋的活球的分值均计入击球运动员的得分记录上。

③ 球员犯规被罚的分数应加在对手的分数记录上。

④ 当台面上只剩下黑球时，如果双方比分相等则重新放置黑球，进行决胜期比赛，此时无论谁击球入袋或犯规都会使比赛结束。

⑤ 一盘的获胜者，应是一方获得最高分数者。当该盘对方认负，或对方由于"无意识救球"与"不正当行为"被判罚，那另一方也是一盘的获胜者。

▲ 计分牌

2. 九球规则

（1）开球线：在台面内沿长边的1/4点，画一条平行于台面宽边的横线，即开球线。

（2）置球点：台面内沿长边3/4点处的横线与中心竖线的交叉点，即置球点。

（3）球：主球（白）、1号球（黄）、2号球（蓝）、3号球（红）、4号球（紫）、5号球（粉）、6号球（绿）、7号球（棕）、8号球（黑）、9号球（黄条花色）。

（4）摆放方法：将九个彩球呈菱形摆放。1号球位于置球点上，9号球位于菱形中间，其余球可任意摆放，九个球要摆正、紧靠，不可有空隙。

（5）两位选手各持有一颗球，在开球线后，同时将球击向顶岸，使其再弹回来，球最接近底沿的选手，有权选择开球。开球选手在开球线后，自由选择开球位置，从1号彩球开始打起，依序把9号球打进袋，则算赢一局。球手每次击球时，必须击打桌面上号码最小的球。进球选手可继续击球，每一局的获胜者取得下一局的开球权。具体的开球规则有：

① 开球方必须先撞击1号球，且在九个球中，最少要有 4个彩球碰到台边或有彩球进袋，方算开球有效。

② 开球后，母球进袋或被击出台面，对手获得自由球机会。（自由球是指球手可将母球置于球台任何位置进行击球）

③ 开球后，若把除9号球之外的花球击出台面，离台的球不必拿回台面，对手获开自由球。

④ 开球后，若9号球被击出台面，要重新摆回置球点；若置球点上有球挡住，则把9号球

▲ 九球的摆放方法

摆在置球点与顶台边的垂直线上靠近置球点的位置，由对手开自由球。

（6）关于推球：开球后，如果有彩球进袋，但台面球势的位置不理想，选手有一次推球机会，把球击到另一个位置上，主球可不必碰到岸边。推杆前，选手必须先告知裁判或对手。如果选手开球后没进彩球，换对手击球时发现台面球势位置不理想，也可采用推球，但推球后对手有权不打，这时选手必须自己打。

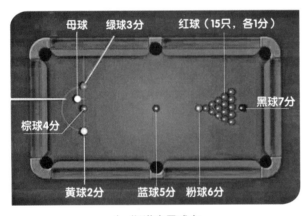

▲ 斯诺克置球点

活动一:

请你通过网络途径寻找一段关于桌球的宣传短片或比赛视频，结合本任务所学知识，准备一个小解说并在课堂上与同学分享。

第一步：运用网络搜索引擎搜集关于桌球的宣传短片或比赛视频。

第二步：找到自己最感兴趣的一段视频并下载。

第三步：在课堂上播放视频，结合自己所学知识与同学们进行交流。

任务二　学习如何进行桌球项目服务

一　桌球运动的礼仪

（1）在开始打球前，要先和对手握手，表示友好。

（2）不能衣衫不整，要穿着正装。

（3）不能把其他的物品放在球桌上当做辅助工具瞄准。

（4）在打桌球时，不能两只脚同时离开地面，也不能爬上桌球桌击球。

（5）在打桌球时，如果轮到对方击球，不能够站立在对方瞄准的方向。

（6）比赛的时候不能打没有静止的球，要等所有的球都静止后才能开始击打。

（7）不能和对手或者裁判发生争执。

（8）如果是在进行桌球比赛，在比赛结束前不能够随意走动。如果要为球员鼓掌，要等球员击球结束后才可以。

（9）在打桌球时，不能够大声喧哗，更不能边抽烟边打球。

（10）要爱护桌球的设施设备，如果输球应当坦然接受，不应抱怨设备及其他因素。

二　桌球项目的服务流程和标准

1. 准备工作

（1）换好工作服，佩戴名牌，做好自身形象检查。

（2）整理好球桌的罩布，并整齐存放。

（3）检查各类桌球设备和辅助用具是否齐全完好。

（4）检查服务过程中所需要的用具是否齐全。

（5）检查沙发、记分牌、杆架等设施设备是否整洁完好。

2. 迎接工作

（1）迎接客人时应面带微笑，主动问好。

（2）询问客人有无预定，向客人介绍各类桌球室的相关信息和收费情况，并迅速地为客人办理登记手续，收取押金并安排好球桌。

（3）如果客人没有预约，且在客满的情况下，应礼貌地让客人等候，并提供茶水等服务。

3. 球场服务

（1）协助客人挑选球杆，并同时提供壳粉，帮助客人摆好球并询问是否需要手套。

（2）耐心为初学的客人讲解击球的动作要领和桌球规则，并进行必要的动作示范。

（3）彩球进袋时，应主动拾球并定位。

（4）在客人打球时要注意观察，不能影响客人的击球位置。

（5）为客人准备好毛巾和饮料，在客人休息时为其提供相应服务。

（6）必要时为客人陪练，应根据客人情况，适当控制输赢尺度，以提高客人的活动兴趣。

（7）在团队客人进行双人桌球比赛时，要当好裁判。在客人需要时，为其讲解桌球的计分规则，并将分数及时告诉客人。

4. 结账及送客服务

（1）在客人打完球后，请客人到前台结账。

（2）在客人提出挂单结账时，请客人出示房卡，并且与前台收银处联系、确认。如果确认失败请客人现金结账。

（3）在客人离开的时候，提醒客人携带好自己的随身物品。

（4）检查有无客人的遗留物品，检查各类用具有无损坏。

（5）把客人送到门口且礼貌道别，并欢迎客人下次再来。

（6）整理好设施设备，清洁桌椅及相关物品。

洁白的手套

A酒店康乐中心桌球室正在进行一年一度的工作标兵评选活动，服务员小蔡再次获得此项殊荣，这是她连续两次被评为桌球室的"工作标兵"称号。同事小江感到很不解，为什么同为服务员，小蔡就能被评为标兵呢？桌球室的老员工陆师傅看出了小江的疑惑，于是在工作休息时，陆师傅带着小江在一旁仔细观察小蔡的工作过程。在观察中，小江发现，在桌球室的所有工作人员中，唯独小蔡的手上多戴了一副洁白的手套。由于工作细则中并没有明确要求这一点，所以几乎所有人都忽略了这个细节。于是，小江便向小蔡请教戴手套的缘由，小蔡说是因为自己工作的需要，所以经常观看一些国际的大型桌球比赛，她发现所有的裁判在比赛过程中都带着白手套。于是她自己把这一点小常识作为技巧应用在工作中，结果收获了客人们的一致好评。小江十分佩服小蔡的细心，决定以后踏踏实实、细致周到地为客人服务。

 桌球服务的小技能

桌球的计分方法

1. 花式九球胜负的判定方法

花式九球不采取计分制，它要求选手将1~9号球按顺序全部打进球袋，所以最后将9号球打进球袋的一方获胜。

2. 斯诺克计分

斯诺克共有22个彩球，可分8种颜色，红色球共15个（每个1分），黄色球1个（2分），绿色球1个（3分），棕色球1个（4分），蓝色球1个（5分）粉色球1个（6分），黑色球 1个（7分），白色球1个（主球）。

斯诺克的规则要求先将红色球与彩球交替地打入球袋，直至红色球全部离台。被提前打入袋的彩球要放回原置球点。然后再按分数由低到高（黄、绿、棕、蓝、粉、黑）的顺序将彩球击入球袋。最后总分较高的一方获胜。

▲ 桌球项目服务

活动二：

根据所学的桌球项目服务要求，将以下情境中的对话补充完整并进行表演。

在 A酒店的康乐部桌球室内，服务员小李在为客人王先生和他的朋友张先生进行桌球服务。王先生在张先生打球时，站立在了张先生瞄准的球的方向，这时候，小李轻声提醒了王先生。

小李：王先生，不好意思，打扰了，建议您不要站立在您朋友瞄准的方向，因为这样可能会影响到您朋友的瞄准和发挥。

王先生：哦！原来是这样啊！我刚学会打桌球，还不太了解桌球的礼仪。请问还有哪些需要注意的礼仪吗？

小李：＿＿＿＿＿＿＿＿＿＿＿＿＿＿＿＿＿＿＿＿＿＿＿＿＿＿＿＿＿＿＿

王先生：那你还能告诉我有哪些细节需要注意吗？

小李：＿＿＿＿＿＿＿＿＿＿＿＿＿＿＿＿＿＿＿＿＿＿＿＿＿＿＿＿＿＿＿

王先生：哈哈，真是谢谢你！让我了解了不少桌球的知识。

◎ **课外主题活动**

蒋先生与他的朋友张先生进行了一场斯诺克比赛。首先是由蒋先生开球，在刚开始时，蒋先生击发的第一球进了一颗红球，接着进了一颗黄球。但是接下来，他没有发挥好，之后只进了一颗红球。在红球全部打完后，他只打进了一颗黄球和一颗蓝球。请问：蒋先生得了多少分？请详细写一下计分的过程，并适当描述台面的情势。

答：＿＿＿＿＿＿＿＿＿＿＿＿＿＿＿＿＿＿＿＿＿＿＿＿＿＿＿＿＿＿＿＿＿＿＿＿

＿＿＿＿＿＿＿＿＿＿＿＿＿＿＿＿＿＿＿＿＿＿＿＿＿＿＿＿＿＿＿＿＿＿＿＿＿＿＿

＿＿＿＿＿＿＿＿＿＿＿＿＿＿＿＿＿＿＿＿＿＿＿＿＿＿＿＿＿＿＿＿＿＿＿＿＿＿＿

＿＿＿＿＿＿＿＿＿＿＿＿＿＿＿＿＿＿＿＿＿＿＿＿＿＿＿＿＿＿＿＿＿＿＿＿＿＿＿

拓展阅读

酒店康乐部桌球房实景欣赏

▲ 上海大酒店桌球房（1）

▲ 上海大酒店桌球房（2）

▲ 上海浦东香格里拉大酒店桌球房

桌球的专业组织

1. 世界台球运动联盟

为了使台球运动早日进入奥运会，并得到国际单项体育联合会的承认，三个世界性台球组织（国际台球联合会、世界台球联盟、世界美式台球协会）联合起来，于1992年成立了世界台球运动联盟（WCBS），现有97个协会会员。

2. 中国台球协会

中国台球协会（CBSA）是中华全国体育总会单位会员。1986年12月成立，总部设在北京。协会1988年加入国际台球联合会。1998年，协会编辑出版《中国台球》刊物。台球协会举办了全国花式台球锦标赛、全国台球锦标赛、全国台球精英赛、全国台球争霸赛和全国台球南北明星对抗赛等赛事。

桌球的主要赛事

1. 斯诺克国际锦标赛

斯诺克国际锦标赛是我国级别最高的斯诺克赛事，在世界范围内也仅次于斯诺克世界锦标赛，与斯诺克英国锦标赛平级。

2. 斯诺克世界锦标赛

该项赛事是斯诺克台球历史最悠久、最重要的，于1927年在当时的几位台球传奇人物组织下开始举办，发展到现在已经成为世界最高水平的比赛。

酒店名言

The customer may not always be right, but they should be treated right.

客人也许并不总是正确的，但是他们应该得到正确的对待。

模块

高尔夫项目的相关知识及其服务

学习目标

1. 知识目标

　　（1）了解高尔夫运动的发展过程。

　　（2）熟悉高尔夫项目的场地、用品等设施设备。

　　（3）知道高尔夫项目的相关规则。

2. 技能目标

　　（1）能够运用所学到的高尔夫计分方法为客人进行比赛计分。

　　（2）能够为客人提供符合规范和标准的高尔夫项目服务。

　　（3）掌握高尔夫的专业术语。

任务一 认识高尔夫运动

 高尔夫运动的发展过程

高尔夫的起源众说纷纭，目前普遍被接受的说法是起源于中世纪的苏格兰。现代高尔夫运动从苏格兰开始发展，第一个高尔夫巡回赛是在苏格兰的城市间举办的。1754年，圣安德鲁斯皇家高尔夫俱乐部成立，这是最古老的高尔夫俱乐部。

1896年，中国上海高尔夫球俱乐部成立，标志着这项已有数百年历史的运动进入了中国。1984年8月24日，中国内地第一个高尔夫球场——中山温泉高尔夫乡村俱乐部对外开放，这标志着现代高尔夫球运动在中国的起步。

▲ 早期的高尔夫（1）

▲ 早期的高尔夫（2）

 高尔夫项目的相关设施设备

1. 高尔夫球

双层高尔夫球主要由两大部分材料组成，内芯为实心的橡胶材料，外皮为合成树脂材料，经不同的设备及工艺包覆而成。球的层数是不相同的，层数越多球越软，也更方便控制，但相应的价格也更为高昂。相反的，球的层数越少就越硬，也越难以控制。

2. 高尔夫球杆

高尔夫球杆大致可分为木杆和铁杆两种。

（1）木杆，主要是木质的，加有少量的铁、不锈钢等材质。除1号木杆用来开球外，3、4、5、

▲ 高尔夫球

▲ 球杆

7、9号球杆为主球道木杆。3、4号球杆对于力气较小的人而言较难控制，所以通常女性使用仰角度更高的7、9号球杆。

（2）铁杆，可分为长、中、短杆，长铁杆是3、4号球杆，中铁杆是5、6、7号球杆，短杆是8、9、10号球杆。长铁杆适合打右球，但击打的高度并不高，角度也相对偏小，在逆风时较适合使用。短杆的角度有52°、53°、60°等不同的角度，职业的高尔夫球手对此的选用比较讲究。

3. 球包

球包的分类有支架包、枪包、航空包等，它们的主要用处是放置球杆和其他相关物品。

4. 球衣

男士应穿有领的T恤，宽松的休闲裤；女士应穿有领T恤，宽松的休闲裤或过膝短裤。

▲ 球衣

▲ 球鞋

5. 球鞋

为了保证球员打球时能站得更稳，高尔夫球鞋的鞋底形状、材质结构和配件都有别于普通鞋。高尔夫球鞋的鞋底通常有12个左右的鞋钉，可以防止滑动。

6. 球场

高尔夫球场主要由发球台、果岭、球道、长草区、球洞、果岭旗等要素组成。

▲ 发球台

▲ 果岭

（1）发球台：是发出第一球的平坦地区，发球是在发球台的两个标志之间。

（2）果岭：为球洞所在的区域，其平面多呈近似圆形或椭圆形的自由形状，表面种植优质草坪并经修剪和碾压密实，略有缓坡起伏，使球能在场地上较少受到阻碍。

（3）球道：是发球台到果岭之间的草地区域。

（4）长草区：是球道边缘的区域，草长得比较高，比较难打。

▲ 球道

▲ 长草区

（5）球洞：内设有一个供球落入的杯，杯的直径为11.43厘米，深为10.16厘米。

（6）果岭旗：设置在球洞中心地带的旗帜，是可移动的杆。旗上标有球洞序号，能为远离果岭的选手指明方位。

▲ 球洞

▲ 果岭旗

 高尔夫的相关规则

高尔夫的基本规则就是将一颗球自发球台连续打击至其进洞为止，即由第一杆开始，接着第二、第三杆，重复地击球，直至将球打进洞。但必须注意的是，每次打球前都须等球处于静止状态。高尔夫的比赛分为比杆赛和比洞赛两种：

（1）比杆赛：就是在打完18洞之后，把击打的所有杆数加起来，根据总杆数判断胜败。总数最低者为比赛优胜者。

（2）比洞赛：比洞赛的基础是算杆数，它是以每洞的杆数来判断胜负的，最后根据洞数的累积胜负来判断比赛胜负，即每一洞都会判断出这一洞的胜负，最后再相加。

高尔夫的成绩计算方法主要有平均法和新新贝利亚计算法两种：

（1）平均法（差点低者胜）：

　　　　差点 = 五次比赛的平均成绩（每次比赛 18 个洞）– 标准杆（一般为 72 杆）

（2）新新贝利亚计算法（净杆数低者胜）：

① 从 18 洞中任选 12 洞的杆数，再通过以下公式算出总杆数，即：

　　　　12 洞的杆数总和 ×1.5= 总杆数

② 算出差点，即：

　　　　（总杆数 – 标准杆）×0.8= 差点

结合①中的公式，即：

　　　　（12 洞杆数总和 ×1.5 – 标准杆）×0.8= 差点

③ 算出净杆，即：

　　　　净杆 = 总杆 – 差点

▲ 高尔夫运动

活动一：

请根据所学的关于高尔夫的相关知识，在课堂上玩一个知识竞赛游戏。

要求：两人一组（A同学和B同学）面对面站着，A背对黑板，B正对黑板。

第一步：教师准备若干张关于高尔夫的图片，如：果岭、发球台、球包、果岭旗等图片。

第二步：A同学从教师手里抽取图片。

第三步：A同学用语言简单描述图片场景（但不能出现答案中的关键字），或是用肢体动作表演给B同学看，B同学猜图中的场景。

第四步：在规定时间内，猜对最多数量的一组获胜。

任务二　学习如何进行高尔夫项目服务

　高尔夫运动的礼仪

1. 球员礼仪

高尔夫运动是一项绅士运动，因此对礼貌礼节也特别注重。

（1）在挥杆之前，应先查看挥杆范围内有无其他人，即须等到前组球员走出球的射程范围之后，方可击球。

（2）在其他球员打球时，不应在四周喧哗，以免影响他人击球。

（3）打球时，球员绝不能拖延时间。

（4）球场上的优先权由一组球员的打球速度决定。

（5）与朋友打球或参加比赛时，不能迟到。对迟到的高尔夫球员有两种处罚方式：比洞赛为第一洞处罚输球；比杆赛为处罚两杆。

女士，请不要穿高跟鞋进球场！

▲ 果岭礼仪

2. 果岭礼仪

果岭是球场中最脆弱的部分，球员在果岭比赛时，不能跑动，不能走路拖步。不能携带除推杆以外的球具进入果岭，以免破坏果岭。球员有义务及时修复落球时所造成的果岭表面损伤。

 高尔夫项目的服务流程和标准

1. 准备工作

（1）打卡签到，换好工作服，佩戴名牌，整理仪容仪表，参加班前会议，了解自身任务。

（2）将客人所需要的球杆、球包和球鞋等物品准备到位。

（3）检查球座、衣柜、高尔夫车等设施设备是否清洁完好。

2. 迎接工作

（1）在客人到来的时候，应面带微笑，主动问好。

（2）询问客人有无提前预约，向客人介绍各项服务标准，确认开始计时的时间。

（3）按规定迅速地为客人办好登记，收取押金。

（4）如果客人没有预约且场地已满，应为客人安排好等候顺序，提供报刊及饮料。

（5）如果客人没有携带球具，应为客人领取适合的鞋子和装备。

3. 球场服务

（1）帮助客人拿好球具袋，带领客人到达相应位置。

（2）帮助客人取出球具并且摆放好。

（3）把客人换下的鞋子放入鞋柜，并询问客人是否需要擦鞋服务。

（4）耐心为初学客人讲解发球的动作要领和发球规则，示范握杆姿势和击球动作。

（5）在客人打球时，要随时关注客人的需求。

（6）必要时为客人陪练，应根据客人情况，适当控制输赢尺度，以提高客人的活动兴趣。

（7）在客人进行高尔夫比赛时做好裁判工作。如客人有需要，可为其介绍比赛的计分规则，并将比分及时告诉客人。

4. 结账及送客服务

（1）在客人打球结束后，应帮助客人收拾好球具，提醒客人携带好随身物品，请客人到收银台结账。

（2）如果客人要求挂单结账，应请客人出示房卡并与前台收银处确认客人的笔迹等信息，如果确认失败，请客人现金结账。

（3）与客人礼貌道别，欢迎客人下次光临。

（4）清理场地，收拾器具。

 案 例

一些余地

在A酒店的高尔夫练习场内，服务员小郭皱眉看着挂钟，原来康乐中心下班的时间已经过了，但练习场里的客人黄先生丝毫没有离去的意思。小郭想上前去催一下，但又怕引起客人的反感。于是，她向当班的经理求助，经理得知情况后，便走到黄先生面前说："黄先生您好！我是球场的经理，打扰您很抱歉，只是酒店规定的工作时间已过，怕您没有注意到，特地过来提醒您一下。"见对方沉默不语，经理赶紧又补上一句："可能您还没有尽兴，这样吧，您再练习一下，过一会儿我再过来。"由于语气平和，并给了对方一些余地，黄先生立马收拾起球包，离开了球场。

 三 高尔夫服务的小技能

高尔夫中的专业术语

高尔夫运动有许多专业术语，球场服务人员应对这些术语有一定的了解，常用的术语如下所列：

Birdie：小鸟球，指球员打一洞用的杆数比规定的标准杆数少一杆，如本来球员打一洞的标准是5杆，但球员只用了4杆就完成了。

Eagle：老鹰球，指球员打一洞用的杆数比标准杆少两杆。

Double Eagle：双鹰球，指球员打一洞用的杆数比标准杆少三杆。

Bogey：柏忌，与小鸟球相反，指球员打一洞用的杆数比标准杆多一杆。

Double Bogey：双柏忌，指球员打一洞用的杆数比标准杆数多用两杆。

Triple Bogey：三柏忌，指球员打一洞用的杆数比标准杆数多用三杆。

Bunker：沙坑，指球场周围设置的沙坑。

Hazard：障碍，指球场中的一些难打球的地方，如：池塘、河流等。

Divot：草皮，指球员打球时削下来的草皮。

Pitch：劈击了一杆很短但是很高的击球。

Under PAR：低于标准杆，指球员击球用的杆数少于标准杆，如：小鸟球、老鹰球等。

Front/Back 9：前/后9洞，一轮高尔夫共18洞，被平均分为两组，前一组称为前9（Front 9），后一组称为后9(Back 9)。

Fore：指在一名球员不小心把球击向其他球员时喊出的提醒语，提醒被击球员躲避球。

活动二：

根据所学到的高尔夫项目的相关知识，将以下情境中的对话补充完整并进行表演。

在一个晴朗的日子，住在A酒店里的刘先生与好友张先生相约在该酒店打高尔夫球。于是，他们来到了酒店的室外高尔夫球场，接待他们的是服务员小陆。小陆带着刘先生和他的好友办完了登记手续后，领着他们前往预定的球场区。在路过其他区域时，刘先生听到了一声"Fore"，刘先生很疑惑，只看到一颗高尔夫球飞向自己，连忙躲闪。

小陆：刘先生，您没事吧！

刘先生：没事！我差一点儿就被砸到了，还好躲闪及时。

小陆：您没事就好！

刘先生：对了，刚刚那声"Fore"是什么意思？

小陆：那是高尔夫术语，"Fore"是在球员不小心把球打向人群时，球员喊出来让人们注意躲闪的词。

刘先生：术语？我只顾着学怎么打高尔夫了，关于高尔夫的术语还不清楚呢！你能告诉我还有哪些术语吗？

小陆：_____

刘先生：那你能告诉我打高尔夫球时，要注意哪些礼仪吗？

小陆：_____

刘先生：这样啊！我知道了，那么在果岭，都有哪些需要注意的礼仪呢？

小陆：_____

刘先生：真是谢谢你，给我普及了那么多关于高尔夫的知识。

◎ 课外主题活动

请将以下术语与其正确解释连起来。

Hazard	前/后9洞
Bunker	障碍
Birdie	小鸟球
Eagle	老鹰球
Double Eagle	躲闪
Bogey	草皮
Triple Bogey	双鹰球
Divot	柏忌
Front/Back 9	三柏忌
Fore	沙坑

拓展阅读

酒店康乐部高尔夫球场实景欣赏

▲ 苏格兰圣安德鲁斯酒店球场（1）

▲ 苏格兰圣安德鲁斯酒店球场（2）

▲ 苏州太湖高尔夫酒店球场（1）

▲ 苏州太湖高尔夫酒店球场（2）

高尔夫的专业组织

1. 世界职业高尔夫协会

世界职业高尔夫协会（WPGA）成立于1933年，总部在美国的佛罗里达，是具有独立法人资格的世界性体育社会团体，对高尔夫运动的推广、普及和国际交流起了重要作用。

2. 美国职业高尔夫协会

美国职业高尔夫协会（PGA），1916年由高尔夫职业教练、球场专业管理人员和美国的高尔夫俱乐部共同成立。

▲ 世界职业高尔夫协会

高尔夫的主要赛事

1. 美国高尔夫大师赛

美国高尔夫大师赛也被称为美国高尔夫名人赛，属于美国高尔夫的四大赛事之一，固定在每年4月的第一个完整周举办，是每年四大赛事中最先举行的大赛。大师赛采取完全邀请制，因此，参加人数相对较少。

2. 美国高尔夫公开赛

该项赛事由美国高尔夫协会主办，于每年的6月中旬举办。这项赛事所选中的场地都是难度高的球场。

3. 英国高尔夫公开赛

英国高尔夫公开赛始于1860年，是高尔夫四大满贯中历史最悠久的赛事，主办方是英国圣安德鲁斯皇家古典高尔夫俱乐部，于每年7月的第三个周末举办。

4. PGA锦标赛

PGA锦标赛在每年的八月份举行，因此是每年四大赛中最后举行的一项，创立于1916年。

酒店名言

Be a themostat, not a thermometer.
要像恒温器，不要像温度计。

模块

壁球项目的相关知识及其服务

学习目标

1. **知识目标：**

（1）了解壁球运动的发展过程。

（2）熟悉壁球项目的场地、用品等设施设备。

（3）知道壁球项目的相关规则。

2. **技能目标：**

（1）能够运用所学到的壁球计分方法为客人进行比赛计分。

（2）能够为客人提供符合规范和标准的壁球项目服务。

（3）能够运用所学到的壁球项目的相关知识为客人挑选壁球器具。

任务一　认识壁球运动

一　壁球运动的发展过程

　　壁球的雏形是在19世纪的伦敦，在一群关押欠债、触犯法律、触犯教规的贵族舰队监狱里产生的。因为舰队监狱里关押的人在入狱前是贵族，他们不会像普通监狱里的犯人那样去从事繁重的体力活，所以在闲来无事之时，通过对着墙壁打网球来打发时间。壁球的成形是在19世纪一所非常著名的贵族学校——哈罗公学，学校里的学生发明了壁球，然后随着这些学生进入社会，壁球也随他们进入了各个的领域，从而在社会上广泛传播。

　　20世纪，壁球运动已广泛流传，美国、加拿大、英国等九个壁球强国发起成立了权威的壁球管理机构——国际壁球联合会，简称 ISRF。壁球运动被国人所知晓还是从 2004年11月在上海举行的世界女子壁球精英锦标赛开始的。目前，壁球运动已进入我国的度假酒店，吸引了许多客人。

▲ 早期的壁球运动（1）

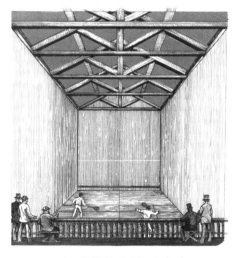

▲ 早期的壁球运动（2）

二　壁球项目的相关设施设备

1. 壁球

　　壁球是由橡胶制作而成的，它是特殊的空心球，内部填充稀有气体。当其被击打时，气体因摩擦受热膨胀，使其飞行速度可达 150千米/小时。

2. 壁球拍

　　壁球拍在外形上和羽毛球拍相似，它的大小在网球拍和羽毛球拍之间，长约68.3厘米。球拍的拍头比羽毛球拍、网球拍更小、更圆，拍杆比较长。壁球拍的重量可分为以下四种级别：

▲ 壁球   ▲ 壁球拍

（1）超轻型：110 克 ~ 130 克。
（2）轻型：140 克 ~ 150 克。
（3）普通型：160 克 ~ 170 克。
（4）重型：180 克或以上。

3. 场地

根据世界壁球联合会的规定，壁球场的标准大小为：长 9.75米，宽 6.4米，前墙的高度为 4.57米，后墙的高度为 2.13米。球场分为前后场，并在此基础上再分成左右两个半场。场地制造材料以树脂基体合成材料为主，后墙由玻璃制成，地板是木质材料，空调系统的送风口位于靠近前墙的房顶内。

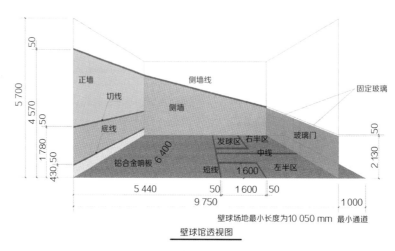

▲ 场地

4. 壁球鞋

壁球鞋的鞋身柔软，鞋跟有防震功能，鞋的左右两边有厚边承托，因此可以适应壁球运动的多种步法，如：大踏步、小碎步、侧碰步等。

▲ 壁球鞋

5. 服装

在进行壁球运动时，一般着合身、吸汗的运动服。在进行壁球比赛时，如选用黑色的球，那么着装应以浅白色为主。

三 壁球的打法和规则

1. 打法

壁球的打法与网球的打法很类似，不同之处在于：网球是两方对打，而壁球则是打向墙壁。在进行双打时，要求双方轮流接球，没接到球的一方就算作失分，所以壁球是一项规则比较简单的运动项目。

2. 规则

（1）壁球的一局为15分制，不用像网球那样抢发球权，只要让对方接不到球就能得分。如果在壁球比赛中，比分打到14比14平，那么可以通过两种方式来决定胜负，即：再得1分或再得3分，就是先把分数打到15分或者17分就算获胜。

（2）当发球方第一次在左后方发球区得分后，必须转换至右后方发球，再得分后换至左后方发球，以此类推。

（3）在发球的时候，必须得有一只脚在发球区域内，但是脚不能够踩在发球线上。

（4）球被打出后，必须接触前墙，并且是在边界线以下、前发球线以上的位置。在球被弹离后，要落在另一方的后边线内才行。

（5）如在发球时，球击中了发球线、边界线等界线，都被算作出界或者犯规发球。

▲ 壁球比赛

活动一：

收集壁球比赛的精彩片段并在班上进行交流。

第一步：运用网络搜索引擎收集一小段壁球比赛的视频。

第二步：运用所学知识分析比赛。

第三步：在班上进行交流。

任务二 学习如何进行壁球服务

 壁球运动的礼仪

1. 球员礼仪

（1）在热身时，应与对手共享练习时间，不能只顾自己。

（2）在比赛的时候要遵守规则，尊重裁判的判决，不能与裁判员纠缠。

（3）比赛结束后，要与对手握手后才能退场。

（4）在平常打球或者练球的时候，后来的人应当等在场外，等场内球员打完球后再敲门进入。

2. 观众礼仪

（1）观众在观看比赛的过程中，不能够随便鼓掌，以免打扰球员。

（2）在球员比赛的时候，不能够有声响，因为球员要根据球发出的声音来判断球的节奏。

（3）在观看比赛的时候应关闭手机铃声。

（4）在球员击球的过程中，观众不能够随意地离开座位或在座位上晃动。

（5）如果球员表现得好，应在球员一球结束后鼓掌。

（6）在球没有停止之前，观众不能够喝彩欢呼。

（7）如果观众想要拍照，必须关闭闪光灯。

 壁球项目的服务流程和标准

1. 准备工作

（1）打卡签到，换好工作服，佩戴名牌，整理好仪容仪表，参加班前会议，了解自身任务。

（2）在客人到来之前，做好壁球室内的环境、设施设备的清洁工作，并且准备好供客人租用的壁球球具。

（3）将各种营业必需品、服务用品配齐，如：记录表格、计分表等，并且把它们放在规定的位置上。

（4）检查壁球场内的设施设备是否整洁完好。

2. 迎接工作

（1）在客人到来的时候，服务人员应面带微笑，热情地与客人打招呼，并且带领客人到柜台办理手续。

（2）柜台的服务人员应礼貌地与客人打招呼，并且询问是否有预定。对于有预定的客人，应尽快为其办理登记手续，开单并收取押金。如果客人没有预定，并且已经客满的话，应该礼貌地请客人到休息区排队等候。

（3）为客人提供更衣柜钥匙、毛巾等，并根据客人的需求为其租借球具。

（4）引领客人至指定的球室，打开照明灯。

3. 球场服务

（1）在客人打壁球时应密切关注客人，适时询问客人的需求并且主动为有需求的客人提供技术指导。

（2）耐心地为初学客人讲解发球的动作要领和规则，示范握拍姿势和击球动作。

（3）服务人员应根据客人的要求为其提供饮料和递送毛巾。

（4）必要时为客人提供陪练服务，同时注意适当控制输赢尺度，以提高客人的活动兴趣。

（5）客人之间进行壁球比赛时，要当好裁判。如客人有需要，可向其介绍比赛的计分规则，并将比分及时告诉客人。

（6）在客人原定运动时间即将结束时，询问客人是否需要续时。

（7）服务人员应当及时填写服务记录，如：场次、时间等。

4. 结账及送客服务

（1）当客人使用壁球室的时间到了，服务人员应该及时通知客人，并且认真地检查设施、设备有无损坏。如果客人使用的是租用的球具，应及时收回并检查有无损坏。

（2）为客人结账以后，应礼貌地向客人道别、致谢，并欢迎客人再次光临。

（3）客人离开后，应及时把客人使用过的壁球室清洁干净。

（4）在营业结束后，服务人员要做好壁球室的卫生工作，把球具、服务用品摆放整齐，妥善保管。

（5）服务人员应填写好工作日志和营业报表。

（6）壁球室的管理人员在确认球室无人后应关闭电源开关，将门锁好。

▲ 壁球运动

误闯的危险

一天，刘先生正在A酒店的壁球馆进行单打练习，突然酒店的新员工张芹没有敲门就直接进入球场内。刘先生吓了一跳，注意力没有集中，险些让壁球误伤自己。张芹立刻上前询问："先生，您没事吧？有没有受伤？"看见刘先生面露不快，张芹赶紧道歉："对不起，我是想给您送毛巾的……"刘先生听后哭笑不得。自此以后，张芹进出壁球室都会特别小心。

壁球的挑选方法

在壁球项目的相关服务中，为客人挑选合适的球是非常重要的一项服务。

壁球是空心的橡胶球，质地比较硬，弹性较差，因此在打球前，壁球需要一个逐渐加热的过程。通常在经过3分钟的加热后，球就会变得较软且有弹性了。

球根据其飞行速度可分为五类：①球心为蓝点的快速球；②球心为红点的中速球；③球心为白点的中慢速球；④球心为黄点的慢速球；⑤球心为双黄点的超慢速球。球的软硬度也是以此来辨别的，白点的球弹性最好，也比较软，较好打；而双黄点的球最硬，弹性非常差，不易击打。

活动二：

根据所学的壁球项目的服务要求，将以下情境中的对话补充完整并进行表演。

张先生入住在A酒店，他平时喜欢通过运动锻炼身体，因此在闲暇的时候，决定前往酒店的康乐部去锻炼。由于酒店康乐部里的壁球室比较显眼，所以，张先生刚进入康乐部就看到了壁球室。于是，他打算去尝试打壁球锻炼身体。酒店康乐部壁球室服务员小周接待了他。

小周：您好，先生，您对壁球感兴趣吗？

张先生：是的，我平时喜欢体育锻炼，今天来试试壁球，你有什么好的建议吗？

小周：_____

张先生：之后就可以直接开始了吗？还是有什么礼仪细节需要注意的呢？

小周：_____

张先生：这样啊，我知道了，我一定会在练习时注意的。

小周：由于您是壁球的初学者，因此我建议您选择白点的球，白点的球较软，比较好打。

张先生：好的，谢谢你，那我开始练习了。

课外主题活动

入住在A酒店的张先生想要了解壁球运动中的球是怎么分辨的，于是他到A酒店的康乐部壁球室进行了咨询。

如果你是A酒店康乐部壁球室的服务人员，应当怎样回答呢？

答：_____

_____

酒店康乐部壁球室实景欣赏

▲ 苏州宝岛酒店壁球室（1）　　　　▲ 苏州宝岛酒店壁球室（2）

与壁球相关的专业组织

1. 国际壁球联合会（世界壁球联合会）

国际壁球联合会（简称 ISRF），成立于 1967年，在 1992年的时候改名为世界壁球联合会（简称 WSF），并且得到了国际奥委会的承认，它是国际体育运动联合会和国际奥委会承认的国际体育联合会成员。

2. 中国壁球协会

中国壁球协会（简称 CSA）是中华全国体育总会的团体会员，是中国奥林匹克委员会承认的全国性运动协会。

世界主要的壁球赛事

1. 世界壁球团体锦标赛

世界壁球团体锦标赛是由世界壁球联合会举办的，它是国际性的赛事，每两年举办一次。男子团体赛与女子团体赛分开举行，男子团体赛始于1967年，而女子团体赛则始于1979年。现今，男子团体赛定在奇数年举行，女子团体赛则在偶数年举行。

2. 世界壁球国际双打锦标赛

世界壁球国际双打锦标赛的组织者是世界壁球联合会，包括女子双打、男子双打以及混合双打，该比赛规定同一组的两名球员必须来自同一个国家或者地区。第一届国际双打锦标赛是在 1997年举行的，随后两届分别是在 2004年和 2006年举行的，自 2010年之后为每两年举行一届。

酒店名言

客人是通过我们说什么、怎么说、做什么来判断我们的。

羽毛球项目的相关知识及其服务

1. 知识目标：

　　（1）了解羽毛球运动的发展过程。

　　（2）熟悉羽毛球项目的场地、用品等设施设备。

　　（3）知道羽毛球项目的相关规则。

2. 技能目标：

　　（1）能够运用所学到的羽毛球计分方法为客人进行比赛计分。

　　（2）能够为客人提供符合规范和标准的羽毛球项目服务。

　　（3）能够运用所学到的羽毛球项目的相关知识为客人挑选羽毛球拍。

任务一 认识羽毛球运动

一 羽毛球运动的发展过程

早在两千多年前，一种类似羽毛球运动的游戏就在中国、印度等国家出现。中国叫打手毽，印度叫浦那，西欧等国则称毽子板球。

▲ 早期的羽毛球（1）

▲ 早期的羽毛球（2）

现代的羽毛球运动诞生在英国。1873年，在英国格拉斯哥郡的伯明顿镇有一位叫鲍弗特的伯爵。一天，他在自己的领地开游园会，有几个从印度回来的退役军官向大家介绍了一种隔网用拍子来回击打毽球的游戏。因为这项活动极富趣味性，人们对此产生了很大的兴趣，很快就在上层社会的社交场所风行起来，"伯明顿"（Badminton）即成为英文羽毛球的名字。

约在1920年，羽毛球运动传入了我国，解放后得到迅速发展。20世纪70年代，我国羽毛球队已跻身于世界强队之列。

二 羽毛球项目的相关设施设备

1. 羽毛球拍

羽毛球拍由拍头、拍弦面、拍杆、连接喉和拍柄组成。拍头界定了拍弦面的范围，拍弦面是击球者用于击球的部分，连接喉是连接拍杆和拍头的部分，拍柄是击球者握住球拍的部

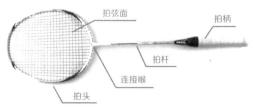

▲ 羽毛球拍的结构

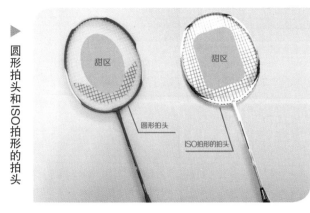

圆形拍头和ISO拍形的拍头

分。拍头、拍弦面、拍杆、连接喉和拍柄总称为拍框。拍框的长度不超过68厘米，宽度不超过23厘米。羽毛球拍头一般有两种：传统的圆形拍头和ISO拍形的拍头。这两种球拍的有效击球区（甜区）也不同。

2. 羽毛球

羽毛球是由天然材料、人造材料或由它们的混合材料制成的。使用天然材料的羽毛球，其球托部固定着16根羽毛，羽毛的长度在62~70毫米，且每个球的羽毛长度应该一致。羽毛顶端围成圆形，直径约 58~68毫米。球托底部为圆球形，直径为25~28毫米。球重为 4.74~5.50克（标准的羽毛球为5.0克）。

常见的球头材料有硬质塑料、泡沫塑料、软木这三种，前两种主要用于娱乐性羽毛球活动，成本较低，但性能较差。中高档的羽毛球都是采用天然软木质的球头，这种软木球头又大致可以分为三类，即：整体软木球头、复合软木球头和再生软木球头。

▲ 天然材科

▲ 非天然材料

3. 羽毛球场

羽毛球场为长方形场地，总体长度为1340厘米。球场一般都会设置成单、双两用场地。单打场地在前，双打场地在后。单打场地宽为518厘米，双打场地宽为610厘米。球场外边的两条边线是双打场地边线，里面的两条边线叫做前发球线，与端线相平行的线为双打后发球线。前发球线中点与端线中点连接起来的一条线叫做中线，在中线两侧的长方形区为左、右发球区。球场上各条线宽均为 4厘米，丈量时要从线的外沿算起。

按国际比赛规定，整个球场上空空间最低为9米，在这个高度以内，不得有任何横梁或其他障碍物，球场四周5米以内不得有任何障碍物。在两个并列的球场之间，至少应有2米的距离。球场四周的墙壁最好为深色，不能有风。

羽毛球网的长为610厘米、宽为76厘米，由优质深色的天然或人造纤维制成，网孔大小在15~20毫米之间，网的上沿应缝有75毫米宽的对折形成的双层白布，并用细钢丝绳或尼龙绳从夹层穿过，牢固地张挂在两网柱之间。标准球网应为黄褐色或草绿色。正式比赛时，球网中部上沿离地面必须为152.4厘米高，球网两端高为155厘米，球网的两端必须与网柱系紧，它们之间不能有空隙。

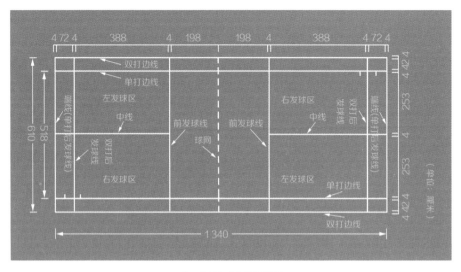

▲ 羽毛球场平面图

 羽毛球的比赛规则

1. 计分制度

（1）羽毛球比赛的计分方法类似曾经的乒乓球计分方法，采用的是21分制，即双方分数先达21分者获本局的胜利，3局2胜。若双方打到20平，那其中领先2分的一方即为该局的胜者；若双方打成29平后，率先领先1分的一方即为该局的胜者。

（2）除特殊情况（如：地板湿了、球打坏了等），球员不能提出中断比赛的要求。但是，在一局比赛中，当领先的一方达到11分时，双方有1分钟的技术暂停，此时球员可以擦汗、喝水等。

（3）得分的一方有发球权。如果本方得单数分，从左边发球；得双数分，从右边发球。在第三局或只进行一局的比赛中，当一方分数首先到达11分时，双方交换场区。

2. 站位规则

（1）单打：

① 发球员的分数为0或偶数时，双方运动员均应在各自的右发球区发球或接发球。

② 发球员的分数为奇数时，双方运动员均应在各自的左发球区发球或接发球。

③ 如"再赛"，发球员应以该局的总的分数来确定站位。若总分为15分（奇数），双方运动员均应在各自的左发球区发球或接发球；若总分为16分（偶数），双方运动员均应在各自的右发球区发球或接发球。

④ 球发出后，双方运动员就不再受发球区的限制而可以自由地将球击到对方场区的任何位置，运动员的站位也可以在自己这方场区的界内或界外。

▲ 单打比赛

（2）双打：

① 当一局比赛开始，应先从右发球区开始发球。

② 只有接发球员才能接发球；如果他的同伴去接球或被球触及，发球方得一分。

③ 任何一局的本方发球员失去发球权后，同时对手获得一分，接着由他们的对手之一发球，如此传递发球权，且双方4位运动员都不需要变换站位。

④ 在一局比赛中，胜方的任一运动员可在下一局先发球，负方中任一运动员可先接发球。

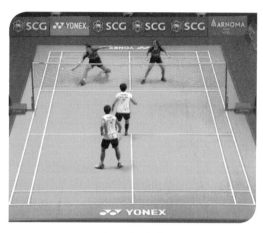

▲ 双打比赛

⑤ 球发出后就不再受发球区的限制，运动员可在本方场区自由站位且可将球击到对方场区的任何位置。

活动一：

请根据所学到的羽毛球知识，尝试解说羽毛球比赛的片段。

第一步：选择一场羽毛球比赛，截取片段。

第二步：尝试向同学或家人解说比赛，包括分析球员得（失）分的原因。

第三步：请同学或家人提一个关于羽毛球比赛的问题。

第四步：查找资料，尝试解决问题。

任务二　学习如何进行羽毛球服务

一　羽毛球运动的礼仪

1. 服装礼仪

（1）男球手穿有衣领的短袖运动T恤衫和羽毛球短裤；女球手穿短袖上衣和短裙（短裤）。

（2）不允许穿硬底鞋或带钉的鞋入场，也不可赤脚或赤脚穿鞋入场。

2. 球员礼仪

（1）双方交换场地时，不可以从球网的下方穿过。

（2）主动将落在自己场地区域内的球捡起，友善地将球送回给对面场地的选手。

（3）将已经落地的球还给对方时，不可以从球网的下方击回（拨回）。

（4）发球时，应先观察对方是否已做好接球准备，最好将球举起示意。若直接将球发出是对对手的不尊重。

（5）若不慎将球打偏到隔壁球场，应先向该场地的球友致歉，待场上双方停止击球后，才可进入场地捡球。

（6）经过羽毛球场时，应与场地边线保持一步以上的距离。

3. 比赛礼仪

（1）当比赛正式开始时，不可接受场外指导。

（2）对于裁判的判定应当服从。若有争议，应寻求教练及裁判长的协助。

（3）当球赛结束时，不论战果是胜或是负，都应该互相握手。同时还要与裁判握手，以表示感谢。

（4）团体赛开始比赛时，双方应先列队并握手。

（5）如果杀球时将球杀到对手身上，或意外得分时（如羽毛球翻网而过时），应向对手致意。

4. 观众礼仪

（1）观看比赛时，不要用闪光灯拍照，不要发出过响的声音。

（2）不能随便进入比赛场地，应遵守赛场秩序。

（3）在比赛期间，不能鼓掌叫好，制造噪音，只有在一球完了以后才能够鼓掌。

（4）如果有球手出现失误，不能鼓掌。

（5）如果有球飞入观众席，不能立即把球抛回球场，应在比赛结束后将球抛回。

 羽毛球项目的服务流程和标准

1. 准备工作

（1）打卡签到，换好工作服，佩戴名牌，整理好仪容仪表，参加班前会议，了解自身任务。

（2）做好羽毛球场的环境卫生工作。

（3）检查各设施设备是否整洁完好。

（4）检查更衣箱内是否干净，有无垃圾。

（5）准备各种工作期间需要用到的表格。

（6）准备客人所需要的球具、毛巾等物品。

2. 迎接工作

（1）迎接客人时应面带微笑，主动问好。

（2）引导客人至工作台。

（3）协助客人挑选合适的羽毛球拍。

（4）引导客人至羽毛球场。

3. 球场服务

（1）耐心为初学客人讲解发球的动作要领和发球规则，示范握拍姿势和击球动作。

（2）在客人打球时，要随时关注客人的需求。

（3）为客人准备好毛巾和饮料，在客人休息期间为其提供服务。

（4）必要时为客人提供陪练服务，并适当控制输赢尺度，以提高客人的活动兴趣。

（5）客人在进行羽毛球比赛时，要充当好裁判。如客人需要，可为其介绍比赛的计分规则，并将比分及时告诉客人。

4. 结账及送客服务

（1）检查客人用过的设施设备有无损坏，如有损坏应及时修理或更换。

（2）根据相关标准迅速地为客人结账。

（3）向客人礼貌道别，并欢迎客人下次光临。

（4）清理羽毛球场，将器具分类放入仓库。

（5）关闭场馆门窗及电源设备。

好胜心

一天，王先生到A酒店康乐中心的羽毛球馆进行羽毛球运动锻炼，由于他只身一人，没有同伴与他练习，于是找来服务员小刘陪他锻炼。王先生接触羽毛球运动也有一段时间了，自我感觉不错，可不料服务员小刘好胜心强，连连赢了王先生好几次，王先生心中有了一种挫败感，便不愿再继续打球了。领班注意到了王先生的情绪变化，在王先生准备离开的时候快步走上前叫住了他，并有礼貌地说："王先生您好，我是这里的领班，首先很高兴您能来我们羽毛球馆进行锻炼，我刚刚看了您和小刘的比赛，我发现小刘在比赛中有几处违规动作，所以才导致您的失误，要不这样吧，我为您安排我们这里专业的教练来做您的陪练，一来他可以教您一些打羽毛球的小技巧，二来也可以陪您锻炼身体，放松身心，您看怎么样？"王先生听后，心情顿时好了许多，答应了领班的安排。

 羽毛球服务的小技能

球拍的挑选方法

在羽毛球项目的相关服务中，为客人挑选合适的球拍是非常重要的一项服务，主要可以从以下几方面来挑选球拍。

1. 球拍的重量

羽毛球拍子的重量不是越轻越好，虽然拍子轻了能加快挥动速度，但是在扣球时会有用不上劲的感觉，影响击球的力量。

2. 球拍的整体结构

拿到拍子之后，挥动一下，检查是否震手。拍子之所以震手是因为拍杆太硬；拍子不震手说明拍杆较有弹性。此外，也可一手握住拍柄，一手扶住拍头顶端掰一掰，拍子如有微度弯曲，说明拍杆部位较有弹性。

3. 装弦是否匀称

交叉弦组成的每个方块都要同样大，每条弦的松紧度要一致。

4. 拍头的形状

拍头的形状一般分为两种：传统的蛋形和头部为方形的平头拍框。球拍的形状决定了它的甜区（球拍面的最佳击球区）的大小。因为当球落在甜区时能给选手以足够的击球威力和控球性，所以甜区的大小对球员来说是至关重要的，它能使球员更容易打出高质量的球。

5. 客人的相关情况

可根据客人的实际情况选择适合的球拍。如客人在单打时，可选择加长型的球拍；在双打时，最好选择标准长度的球拍。进攻型的球员一般可以使用圆型球拍，此类球拍的拍头尖，甜区集中且靠近头部，攻击性强；防守型的球员一般可以使用平头型球拍，此类球拍甜区大且靠近中部，控球效果好，防守效果佳。

此外，还可根据客人手形的大小挑选拍柄，以握住拍柄感觉舒适为宜。手大的人握较细或呈正方形的拍柄会有不舒适之感。

活动二：

　　根据所学到的羽毛球项目的礼仪和服务要求，将以下情境中的对话补充完整并进行表演。

　　小李在A酒店进行实习。一天，酒店里来了一位身高1.78米，40岁左右的中年男子，他不会打羽毛球，但是常看羽毛球比赛。作为初学者的他想让小李帮他挑选一副羽毛球拍。

　　小李：先生，您好。请问有什么可以帮到您的？

　　客人：我想挑选一副适合我的羽毛球拍。

　　小李：请问您的羽毛球水平怎么样？

　　客人：我是初学者，但是我想了解一下羽毛球球拍的结构，你能告诉我吗？

　　小李：＿＿＿＿＿＿＿＿＿＿＿＿＿＿＿＿＿＿＿＿＿＿＿＿＿＿＿＿＿＿＿

　　客人：这样啊，那你能告诉我羽毛球球拍的长度有什么区别吗？

　　小李：＿＿＿＿＿＿＿＿＿＿＿＿＿＿＿＿＿＿＿＿＿＿＿＿＿＿＿＿＿＿＿
＿＿＿＿＿＿＿＿＿＿＿＿＿＿＿＿＿＿＿＿＿＿＿＿＿＿＿＿＿＿＿＿＿＿＿

　　客人：嗯，那这样的话，你帮我挑一副成人常用的吧。对了，球拍选好了，那羽毛球该怎么选呢？你能给我介绍一下吗？

　　小李：＿＿＿＿＿＿＿＿＿＿＿＿＿＿＿＿＿＿＿＿＿＿＿＿＿＿＿＿＿＿＿

　　客人：那就给我天然材料的羽毛球吧！

　　小李：好的，这是您要的羽毛球拍和羽毛球，请您到我们酒店的羽毛球馆进行锻炼吧！

　　客人：谢谢你啊！

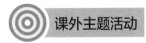 **课外主题活动**

　　刘先生入住了 A酒店。他是一个羽毛球爱好者，并且打羽毛球的水平也很高。刘先生到了酒店的羽毛球馆打羽毛球时，想要找一位教练进行切磋，但是羽毛球馆的教练正在教

其他人。刘先生等了很久也没能和教练切磋上，觉得很不高兴，于是就找到了羽毛球馆的主管进行投诉。如果你是主管，你会怎么做？

答：_____

_____

_____

_____

 拓展阅读

酒店康乐部羽毛球馆实景欣赏

▲ 上海斯波特大酒店羽毛球馆　　　　▲ 上海浦东星河湾酒店羽毛球馆

与羽毛球相关的专业组织

1. 中国羽毛球协会

中国羽毛球协会是具有独立法人资格的全国性群众体育组织，是代表我国羽毛球项目活动的最高社会团体，系非营利性社会组织。

2. 上海市羽毛球协会

上海市羽毛球协会是由上海羽毛球运动的工作者、羽毛球爱好者及热心支持羽毛球运动的企事业、团体，自愿组成的群众性、非营利性社会团体，是上海市体育总会的团体会员。

酒店名言

Under promise but over deliver.
所提供的服务要比所承诺的好。

模块 七

乒乓球项目的相关知识及其服务

1. 知识目标

　　（1）了解乒乓球运动的发展过程。

　　（2）熟悉乒乓球项目的场地、用品等设施设备。

　　（3）知道乒乓球项目的相关规则。

2. 技能目标

　　（1）能够运用所学到的乒乓球计分方法为客人进行比赛计分。

　　（2）能够为客人提供符合规范和标准的乒乓球项目服务。

　　（3）能够运用所学到的乒乓球项目的相关知识为客人挑选乒乓球拍。

任务一　认识乒乓球运动

乒乓球运动的发展过程

　　乒乓球起源于英国,在英国的官方名字是"table tennis",意思是"桌上网球"。在1890年,几位英国海军军官在驻守印度的时候,偶然发现在一张小台子上打网球非常有意思,于是他们经常这样玩网球,后来他们换掉了实心球和网拍,改为空心的塑料球和木板,"桌上网球"就这样产生了。不久之后,它便成为了一种非常流行、风靡多地的运动。

　　1902年,乒乓球运动传入日本,再由日本传入中国。那时,有一家文具店从日本购来了10套乒乓球器材,并在店里表演乒乓球,于是乒乓球便迅速在中国风靡起来。当时乒乓球的球具比较简便,球拍只是光滑的板面,球不容易旋转,所以球的打法只有推挡和抽球。

▲ 早期的乒乓球（1）

▲ 早期的乒乓球（2）

乒乓球项目的相关设施设备

1. 乒乓球

　　乒乓球为圆球状,球直径为40毫米,重量为2.53~2.7克,颜色为白色或黄色,用赛璐珞或塑料制成。

2. 乒乓球拍

　　（1）正胶海绵拍,这种类型的球拍胶皮颗粒向上,球拍的胶皮高度和直径相等,有很好的弹性,适合近台的快攻型球员。

　　（2）生胶海绵拍,这种球拍的胶皮颗粒也是向上,胶皮的直径大于高度,这种球拍击球的时候有点下沉,适合近中台的选手。

▲ 乒乓球

▲ 乒乓球拍

（3）反胶海绵拍，这是一种在胶皮粘贴时粗面向下，光面向上且黏性比较大的一种球拍，在欧洲用的比较多。

（4）长胶海绵拍，用的是厚高超过1.5毫米以上的长胶，胶皮软，颗粒细长，支撑力小，不适合少儿和初学者使用。

（5）防守型海绵拍，这种拍以削球为主，属于旋转型球拍。

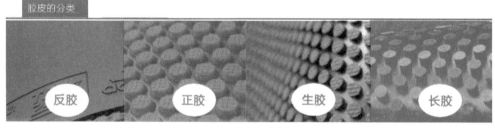

胶皮的分类

反胶　　正胶　　生胶　　长胶

▲ 胶皮的分类

3. 乒乓球台

乒乓球台长274厘米，宽152.5厘米，高76厘米。与水平面平行的台面为暗色，台面可由符合要求的任何材料制作，具有一定弹性，上层表面叫比赛台面，无光泽。四周台边各有2厘米宽的白线，长的称边线，短的称端线。台面中央有一条3毫米宽的白线，称中线，它将两个台区各分为左右两个部分。球网由网、网柱和支架三部分组成。网将台面分成面积相等的两部分，网垂直于台面，与端线平行，高15.25厘米，网柱外缘与边线的距离为15.25厘米。

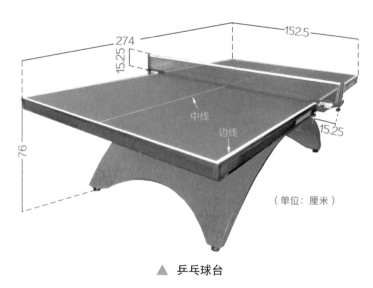

（单位：厘米）

▲ 乒乓球台

乒乓球的相关规则

　　乒乓球比赛采用的是七局四胜或者五局三胜制。一局比赛，先得到11分的一方获得当局的胜利，如果比分出现10:10平的话，就视先比对方多得2分的那一人获当局胜利。乒乓球比赛是连续进行的，但是当一局结束之后，球员可以要求进行两分钟的暂停休息。

　　场地和发球权是通过掷硬币的方法来决定的。在先发球和场地选择中，只能二选其一，当一方选择先发球后，另一方就有优先选择场地的权利，反之亦然。一局结束之后，球员须互换场地。在单打的决胜局中，如果有一方得到了5分，这个时候也应当互换场地。在发球员发球时，如果出现对方没有做好准备、受到干扰，或者在球发出去以后，球触碰到球网装置但被对方接住等情况，发球员应当重新发球。

活动一：

在了解一定的乒乓球项目的相关知识后，请你策划一场乒乓球比赛。
第一步：到学校体育馆内寻找乒乓球台、乒乓球和球拍。
第二步：将班级内的同学进行分组。
第三步：在体育馆内进行一场乒乓球比赛。
第四步：比赛过后，请同学们就打乒乓球的感想进行讨论（可以从球拍的质地、发球的位置与方向等方面进行讨论）。

任务二　学习如何进行乒乓球服务

 乒乓球运动的礼仪

1. 球员礼仪
（1）打球的时候应提前到达球场，不可迟到。
（2）在球场上遇到其他球员都应主动问好。
（3）在比赛开始之前和结束之后，都应同对方握手，以示尊敬。
（4）发球时，要等对手准备好了再发球。如果对方打到好球，要表示赞扬及肯定。
（5）如果不小心将汗水洒在了球上，应该先把球上的汗水擦拭干净，然后再继续发球。
（6）在比赛中如果击球球员打到了擦边球，应当向对手表示歉意。
（7）如遇到与自己实力悬殊的对手，注意适当礼让。
（8）在打球过程中不要大吵大闹，应认真对待每一球。

2. 观众礼仪

（1）在球员准备发球的时候，观众应保持安静。

（2）观众在观看比赛时不可以用带有闪光灯的相机拍照。

（3）在球场内，观众不可以抽烟，手机应关闭声响。

 乒乓球项目的服务流程和标准

1. 准备工作

（1）打卡签到，换好工作服，佩戴名牌，整理好仪容仪表，参加班前会议，了解自身任务。

（2）打开球室的窗户通风，做好室内环境、设施设备的卫生清洁工作。

（3）检查乒乓球室的设施设备有无损坏，如发现有损坏，应当立即更换。

（4）把当天营业需要用到的物品准备好。

（5）查阅值班日志，查看当天需要完成的工作。

2. 迎接工作

（1）迎接客人时应面带微笑，主动问好。

（2）引领客人至更衣室，放置衣物。

（3）提醒客人更换运动鞋。

3. 球场服务

（1）引导客人至乒乓球台，替客人准备好球具。

（2）耐心为初学客人讲解发球的动作要领和发球规则，示范握拍姿势和击球动作。

（3）为客人准备好毛巾和饮料，在客人休息期间为其提供服务。

（4）必要时为客人提供陪练服务，并根据客人情况，适当控制输赢尺度，以提高客人的活动兴趣。

（5）客人在进行乒乓球比赛时，应充当好裁判。如客人有需要，可为其介绍比赛的计分规则，并将比分及时告诉客人。

4. 结账及送客服务

（1）按照规定为客人迅速办理结账手续。

（2）检查客人有无遗留的物品，检查各类用具有无损坏。

（3）客人离开时，服务人员要主动提醒客人不要忘记随身物品。

乒乓球场

（4）向客人礼貌道别，欢迎客人再次光临。

（5）整理好设施设备，清洁桌椅、垃圾桶等物件。

裁判的失误

A酒店内的住客张先生同朋友在酒店的乒乓球室打球，两人玩到兴起的时候便提出要比赛。于是找来了服务员小李做裁判。在比赛过程中，张先生的朋友打了一个擦边球，小李没有看清楚，就判张先生的朋友得一分。张先生认为这是个擦边球，应判自己得一分，但其朋友否认，于是问小李这一分到底该归谁，但是小李没有看清楚，无法回答张先生及其朋友的质疑。张先生对小李的裁判服务很不满意，便找来经理理论。经理得知情况后面带笑容，带有歉意地说："张先生，这次的确是由于我们服务员站位的问题，才导致看到的角度发生了偏差，对此我们向您道歉。"经理停了停接着说："张先生，您与朋友来我们酒店康乐中心进行锻炼就是以放松身心、娱乐自我为目的，其实分数的高低、比赛的输赢也不一定是最重要的，俗话说友谊第一，比赛第二，我相信张先生也不想因为区区的娱乐游戏而扫了各自雅兴，这样，如果您还想继续比赛的话，不如重新再来一局，我们可以请专业教练为您做裁判，您看如何？"张先生觉得经理的话有道理，便听从了经理的安排。

 乒乓球服务的小技能

球拍的选择

在乒乓球项目的相关服务中，为客人选择一款合适的球拍是很重要的。一般来说，可根据客人的打法类型来为其挑选球拍。

1. 近台快攻型

这一类型的打法一般选择正胶海绵拍或者反胶海绵拍。因为这种打法的特点是击球的速度快，要在台面上抢球的最高点，所以要增加球的爆发力，球员一般用较重的球拍。

2. 弧圈快攻型

这一类型的打法结合了旋转与速度，所以一般选用比较软且弹性好的拍子。

3. 快攻结合弧圈进攻型

这一类型的打法将快攻技术和弧圈技术结合在了一起，一般用反胶海绵拍或者一面反胶、一面生胶的海绵拍。

4. 攻、削结合型

这不是攻球、削球各占一半的打法，而是说采用这种打法的球员着重攻球或削球，一般使用反胶海绵拍。

此外，还可根据球员的情况选择横拍或直拍，如下图所示：

横、直拍说明

直拍 手柄较短的是直拍

直拍打法较易，适合初学者，出手灵活，出球快速有力，适宜以单面进攻为主，初学上手快。

直拍握法：

直拍打球时用拇指和食指握住球拍，类似于手拿笔写字的样式。

横拍 手柄较长的是横拍

横拍打法难度较高，适合有一定基础的人，易攻善守，适宜做攻削结合的全面打法。

横拍握法：

横拍打球时用整个手握住球拍，类似于手拿菜刀的样式。

▲ 横、直拍说明

活动二：

根据所学的乒乓球项目的服务要求，将以下情境中的对话补充完整并进行表演。

赵先生平时喜欢打乒乓球，这次入住了A酒店，他到酒店康乐部的乒乓球室打乒乓球，服务员小陈接待了他。

小陈：先生您好！请问有什么可以帮到您？

赵先生：我以前打乒乓球时，发挥总是不稳定，你知道是什么原因吗？

小陈：请问您每次打球时用的球拍都是一样的吗？

赵先生：不一样，难道和球拍有关？

小陈：是的先生，不同的打法有与之相应的、合适的球拍。

赵先生：原来如此，那你能给我介绍一下乒乓球有哪几种打法吗？

小陈：_____

_____

赵先生：这样啊，那你告诉我这几种打法需要配什么球拍吧！

小陈：_____

_____

赵先生：照你这么说，我觉得我还是适合正胶海绵拍或者反胶海绵拍，谢谢你为我普及乒乓球知识。

小陈：不客气，很高兴为您服务。

课外主题活动

一位退役了的乒乓球球员来到 A酒店打乒乓球,服务员小丹将他认为适合客人的球拍给了客人。客人在使用过程中,感觉球拍缺少精准度,于是找来服务员小丹。

如果你是服务员小丹,应该如何与客人沟通呢?

答:_____

_____

_____

_____

拓展阅读

酒店康乐部乒乓球室实景欣赏

▲ 国宾花园酒店乒乓球室(1)

▲ 国宾花园酒店乒乓球室(2)

与乒乓球相关的专业组织

1. 中国乒乓球协会

中国乒乓球协会简称"中国乒协",总部设在北京。它是我国乒乓球的最高社会团体,它的主要宗旨是团结全国的乒乓球爱好者、运动员、工作者,推进中国乒乓球的发展,加强乒乓球协会、运动员与世界其他乒乓球协会、运动员之间的友谊。

2. 国际乒乓球联合会

国际乒乓球联合会简称国际乒联。1926年在德国的柏林,乔治·莱赫曼博士倡导组织乒乓球运动,并在当年的12月12日成立国际乒

▲ 中国乒乓球协会举行的赛事

乓球联合会，举办了第一届世界乒乓球锦标赛。在1957年以后，赛事和大会改为了每两年举办一次。

世界主要的乒乓球赛事

1. 乒乓球世界杯

乒乓球世界杯是世界乒乓球三大赛事之一，仅次于世锦赛和奥运会。但与另外两项赛事不同的是，世锦赛和奥运会有男女单打、双打和混双的比赛，而世界杯只有男女单打及团体这几项赛事（分开举办）。世界杯赛事通常保持一年一度的举办传统。

2. 世界乒乓球锦标赛

世界乒乓球锦标赛简称"世乒赛"。1926年12月，在国际乒联正式成立的同时，第一届世界乒乓球锦标赛在英国伦敦举行，当时有男子团体、男子单打、男子双打、女子单打和混合双打5个项目。1928年举行的第二届世乒赛增设了女子双打比赛，1933年举行的第八届世乒赛又增设了女子团体比赛。自1959年改为每两年举行一次。2003年第47届世乒赛开始，国际乒联决定把单项赛和团体赛分开进行。

酒店名言

It doesn't matter whether the customer is right or wrong. It matters how they feel.
客人的对与错并不重要，重要的是他们的感受。

模块

游泳项目的相关知识及其服务

1. 知识目标

　　（1）了解游泳运动的发展过程。

　　（2）熟悉游泳项目的场地、用品等设施设备。

　　（3）知道游泳项目的相关规则。

2. 技能目标

　　（1）能够为客人提供符合规范和标准的游泳项目服务。

　　（2）能够运用所学到的游泳池应急急救技能，妥善处理游泳池的突发急救事件。

任务一　认识游泳运动

一　游泳运动的发展过程

游泳运动历史悠久，根据史料考证，居住在水边的古人为了生存需要捕食鱼类，于是就观察鱼类和蛙类在水中游泳的动作，然后进行模仿，逐渐学会了游泳。

虽然游泳历史悠久，但是作为一项体育项目还是在近代产生的。1828年，英国在利物浦乔治码头修造了第一个室内游泳池。1837年，第一个游泳组织在英国伦敦成立，同时举办了英国最早的游泳比赛。1869年1月，大城市游泳俱乐部联合会（现英国业余游泳协会前身）在伦敦成立，并把游泳作为一个专门的运动项目正式固定下来，随之传入各英国殖民地，继而传遍全世界。

▲ 记载游泳的历史文物

▲ 早期的游泳运动

二　游泳项目的相关设施设备与装备

1. 游泳池

国际标准的游泳池长为50米，宽不少于21米，深不低于1.8米，共设8条泳道，每条泳道的宽为2.5米，分道线是由直径5~10厘米的单个浮标连接而成。出发台要高出水面50~75厘米，出发台大小为50×50厘米。

2. 游泳衣裤

酒店泳池中，男性通常穿着游泳短裤，女性通常穿泳衣。选择游泳衣裤的注意事项：①游泳衣裤必须合身（如果太大，在游泳时容易兜水，以致加大身体负重和阻力，影响游泳动作）；②游泳衣裤要以穿在身上感到舒适为宜；③对于泳衣的质地，中老年人应选择纯毛或棉毛制品，以深色为宜，年轻人可选择海滩式的尼龙游泳衣裤，颜色以鲜艳的为宜，这样可增添美感，也可在紧急情况下便于救生员准确判断位置。

 泳衣 ▲ 泳裤

3. 泳帽

游泳时戴上泳帽可防止头发散乱。有时水质不好，戴上泳帽可以防止头发损伤。泳帽的材质应选择松紧的尼龙或橡胶制品，挑选时注意大小要合适，不能太紧也不能太松。

4. 泳镜

泳镜可防止细菌进入眼内。对于初学者来说，泳镜可以纠正在水中不睁眼的毛病。

5. 耳塞

耳塞可防止水进入耳朵。

6. 浮体物品

初学者要自备一些浮体物品，如：救生圈、打水板等。

7. 浴巾、拖鞋

这是游泳者必备的用品，可以防止感冒，也比较卫生。

8. 鼻夹

初学者可以使用鼻夹，以防止水进入鼻孔。

 游泳运动的基本姿势

1. 仰泳

仰泳是人体仰卧在水中进行游泳的一种姿势，是一种有较长历史的游泳姿势，1794年就有了关于仰泳技术的记载。直到19世纪初，仰泳时采用的仍是两臂同时向后划水，两腿做蛙游的蹬水动作。1921年仰泳技术初步形成。由于仰泳时头部可露出水面，呼吸方便，且躺在水面上比较省力，因此深受中老年人和体质较弱者的喜爱。

▲ 仰泳（1）

▲ 仰泳（2）

2. 蛙泳

　　蛙泳是一种模仿青蛙在水中游动的泳姿，也是一种比较古老的游泳姿势。18世纪，在欧洲被称为"青蛙泳"。由于速度较慢，所以在20世纪初的自由泳比赛中（不规定游泳姿势），蛙泳速度不如其他快，蛙泳技术受到排挤。随后国际泳联规定了泳姿，蛙泳技术才得以发展。在1904年的第三届奥运会时，蛙泳成为了独立的比赛项目。

　　此外，由于这种泳姿容易观察目标、动作隐蔽、声音小，其实用价值很大，长期以来被用于渔猎、水上搬运、救护等。

▲ 蛙泳（1）

▲ 蛙泳（2）

3. 爬泳

　　爬泳又名自由泳，是一种人在水中成俯卧姿势，两腿交替上下打水，两臂轮流划水，动作很像爬行的游泳姿势。爬泳是四种泳姿中速度最快的一种。

　　爬泳第一次出现于1844年的一次伦敦游泳比赛。一个南美印第安选手用这种泳姿轻松击败了使用蛙泳的英国选手。由于这种姿势会造成许多水花，英国人觉得太野蛮，所以并没有采用。在1870年至1890年间，英国游泳选手特拉金从南美洲的印第安人那学来了爬泳，但当他参选英国比赛时，他错误地使用了蛙泳的踢腿动作。此后，他的这种泳姿被称为"特拉金式"姿势，由于这种姿势比蛙泳快，于是英国人很快接受了它并成为主流姿势。后来这种姿势又被澳大利亚选手改善，被称为"澳大利亚爬泳"。

▲ 爬泳（1）

▲ 爬泳（2）

4. 蝶泳

蝶泳又名"海豚泳"，蝶泳是由蛙泳演变而来的。在1937年至1952年的游泳比赛中，一些运动员采用两臂划水到大腿后提出水面，再从空中迁移的技术，从外形看很像蝴蝶飞舞，所以被称为"蝶泳"。蝶泳是四种竞技游泳姿势中最后发展起来的。

1956年，奥运会将蝶泳作为独立项目进行比赛。蝶泳技术较复杂，游起来比较费力。

▲ 蝶泳

 四　游泳的比赛规则

1. 仰泳
（1）运动员面对出发端，两手抓住握手器，两脚完全处于水面。
（2）游泳过程中呈仰卧姿势。
（3）到达终点时必须以仰卧姿势单手触壁。

2. 蛙泳
（1）出发和转身后，身体保持俯卧姿势，两肩与水面平行。
（2）两臂和两腿所有动作须同时且在水面上进行，不得有交替动作。
（3）蹬腿过程中，两脚必须做外翻动作。

3. 爬泳
（1）可以在比赛中采用任何泳姿。
（2）转身和到达终点时，必须用身体某一部位触池壁。

4. 蝶泳

（1）任何时候都不允许转成仰卧姿势。

（2）两臂必须在水面上同时向前摆动。

（3）两脚动作必须同时，不允许有交替动作。

活动一：

根据所学到的游泳项目相关知识，选择一种你最喜欢、惯用的游泳姿势，通过网络途径来进一步了解它，并在课堂上为同学们示范这种泳姿。

第一步：想一想，在你的印象里，游泳都有哪些姿势？你最喜欢哪种？如：蛙泳、仰泳、蝶泳等。

第二步：运用网络搜索引擎，收集你所选择的那种游泳姿势的图片资料。

第三步：在课堂上为同学们讲解并做动作示范。

任务二　学习如何进行游泳服务

游泳运动的礼仪

1. 在公共场合游泳的礼仪

（1）在进入游泳池前要注意游泳馆的规定和警示。

（2）入水前要淋浴，一是为了公共卫生，二是为了池水保洁。

（3）淋浴后要戴好泳帽，一是防止毛发堵塞出水口，二是防止自己的发质受损。

（4）要能明确地区分泳道：拉了水线的泳道是训练泳道，需要靠右边游；没有拉水线的泳道可以戏水。

（5）游泳间隙休息时，要注意卫生，不可以随意坐在水池边上或台子上，如果要坐在椅子上也应用毛巾垫在身下。

2. 观看游泳比赛时的礼仪

（1）游泳馆内严禁吸烟，不可使用闪光灯。

（2）裁判员发令时，不可鼓掌欢呼或发出噪音,以免运动员听不清发令声。

（3）游泳馆内一般温度较高，可以穿得单薄些，但要得体。

（4）作为女子项目的花样游泳，是由游泳、技巧、舞蹈和音乐编排而成，是一种艺术性很强的项目，有"水中芭蕾"之称，观众可以将其作为艺术表演来欣赏。当运动员完成一个漂亮动作时，可以鼓掌欢呼，以表示赞赏。

游泳项目的服务流程和标准

1. 准备工作

（1）打卡签到，换好工作服，佩戴名牌，整理好仪容仪表，参加班前会，了解自身任务。

（2）对游泳场馆进行打扫，保持卫生。

（3）整理各种中英文标志、指示，然后放在指定位置。

（4）在公告栏上标明馆内情况，如：时间、温度等。

（5）检查设施设备，确保正常运行。

（6）确认手表和场馆内时钟的准确性。

（7）准备各种工作期间需要用到的表格。

（8）查看更衣室是否干净、有无垃圾。

2. 迎接工作

（1）迎接客人时应面带微笑，主动问好。

（2）按照规定迅速地为客人办好登记手续，并向客人提供储物箱、手环、毛巾与拖鞋等物品。

（3）带领客人前往更衣室，提醒客人戴好泳帽，并告知其在进入游泳池前须先冲淋。

3. 游泳池服务

（1）要随时关注客人的需求。

（2）询问客人是否需要专业教练。

（3）注意客人游泳时的安全。

4. 结账及送客服务

（1）根据标准迅速地为客人结账。

（2）向客人礼貌道别，并欢迎客人下次光临。

（3）清理混乱的球场，将器具分类放入仓库。

（4）关闭场馆门窗、电源等设施设备。

摔伤后的常客

一天，客人张先生在A酒店的游泳池里游泳，他上岸后准备走回冲洗区域，可谁知脚下一滑，张先生摔倒了，导致膝盖破了皮。服务员小王看到后将此事报告了经理，经理和小王迅速地跑到张先生的身边询问情况："张先生您没事吧？膝盖感觉如何？有没有伤到骨头？"经理和小王将张先生送往医院检查，经医生诊断，张先生只是膝盖破皮，并没有伤到骨头。听了医生的话后，大家都舒了一口气。经理真诚地向张先生说："张先生，真是对不起！是我们没有做好安全防护工作才导致您受伤，我们酒店会承担您的医药费与营养费，您认为如何？"张先生笑着说："本来也没什么事儿，我身体好得很，既然你们那么诚恳，那就按照你们的安排来吧。"自这件事后，张先生成了A酒店的常客。

游泳服务的小技能

热身运动

热身运动的主要目的是将身体的关节打开，防止在水中抽筋，可以通过慢跑、模仿游泳动作或热身操来进行热身。下面介绍一套简单的游泳热身操：

（1）双手往上伸展。

（2）双脚张开，伸展身体侧线。

（3）缓缓转动上半身。

（4）转动脖子。

（5）转动双手。

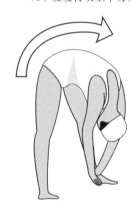

（6）身体往下伸展。

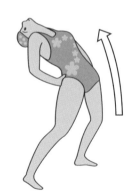

（7）双手插腰，身体往后仰。

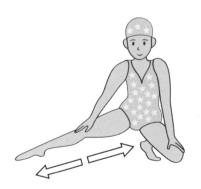

（8）蹲下伸直膝盖。

（9）弓箭步，拉直阿基里斯腱。

意外急救

（1）若是手指抽筋，可将手握拳，然后用力张开，迅速反复多做几次，直到抽筋消除为止。

（2）若是小腿或脚趾抽筋，先吸一口气仰浮于水上，用抽筋肢体对侧的手握住抽筋肢体的脚趾，并用力向身体方向拉，同时用同侧的手掌压在抽筋肢体的膝盖上，帮助抽筋腿伸直。如果是大腿抽筋，可同样采用拉长抽筋肌肉的办法解决。

活动二：

根据所学的游泳项目的服务内容，将以下情境中的对话补充完整并进行表演。

在 A酒店的游泳馆中，实习生小李第一天上班，他在巡查时发现一个六七岁的孩子向深水区游去，而旁边却没有大人看护。

小李：小朋友！请别再往前面游了！前面是深水区！会有危险的！

小孩：啊？好！

小孩立刻游了回来。

小李：小朋友，由于你年龄较小，所以在无人看管的时候最好不要到深水区去，因为那会有危险的！你可以在浅水区学习一些基本的游泳姿势。

小孩：我知道了，叔叔，那你能告诉我游泳分别有哪些姿势吗？我只知道自由泳。

小李：_____

小孩：这样啊，可是我想知道为什么在游泳前要做热身操呢？

小李：_____

_____

小孩：明白了！谢谢叔叔！

小李：这是我应该做的，很高兴为你解答。

课外主题活动

王先生带着全家住进了A酒店，他的孩子今年 6岁。当王先生的孩子看到有游泳池时便向他提出要去学游泳，于是王先生带着孩子来到游泳池。王先生本人不会游泳，但是他想让孩子学游泳。那么在这种情况下，酒店游泳馆的工作人员应该怎么做呢？为什么呢？

答：_____

_____

_____

_____

◎ 拓展阅读

酒店康乐部游泳馆实景欣赏

▲ 博维拉泳池酒店游泳馆（1）

▲ 博维拉泳池酒店游泳馆（2）

▲ 海口天佑酒店游泳池（1）

▲ 海口天佑酒店游泳池（2）

游泳运动的相关组织

1. 国际游泳联合会

国际游泳联合会（FINA），简称国际泳联。1908年由比利时、丹麦、芬兰、法国、德国、英国、匈牙利和瑞典等国倡议成立，总部设于瑞士的洛桑，其主要任务是确定奥运会和其他国际比赛中游泳、水球、花样游泳和跳水的规则，审核和确认世界纪录并指导奥运会中的游泳比赛。

2. 中国游泳协会

中国游泳协会是中国游泳运动的全国性群众组织，是中华全国体育总会领导下的单项运动协会之一。中国游泳协会下设游泳、跳水、水球三个项目的裁判委员会和教练委员会，分别负责竞赛、裁判、组织和技术、训练、科研等具体工作。

▲ 国际游泳联合会

世界主要的游泳赛事

1. 世界杯短池游泳赛

世界杯短池游泳赛由国际游泳联合会主办，参加成员是国际泳联会员。该系列比赛于1989年开始，每年举行分站的比赛，最终获得前三名的运动员可以获得奖金。

2. 世界游泳锦标赛

世界游泳锦标赛是大型国际性游泳赛事，主办机构是国际泳联总会。第一届世界游泳锦标赛于1973年举行，地点在贝尔格莱德。

酒店名言

If it is to be, it is up to me.
功败垂成系于自身的信心与努力。

模块

健身房项目的相关知识及其服务

学习目标

1. 知识目标

（1）了解健身运动的基本知识。

（2）熟悉健身房健身器械的分类。

（3）知道健身房的区域功能。

2. 技能目标

（1）能够掌握运动器材的使用方法并为客人提供健身服务。

（2）能够为客人提供符合规范和标准的健身房项目服务。

（3）能够运用所学到的知识为客人制订简单的健身计划。

任务一 认识健身房运动

健身运动的基本知识

在我们的日常生活中，健身已成为许多人生活中必不可少的运动项目。从一定意义上说，健身是一种体育项目，如：各种徒手健美操、韵律操、形体操以及各种自抗力动作等。健身可以增强力量、柔韧性，增加耐力，提高身体协调性，从而达到使身体强健的效果。

大约在19世纪末，人们对肌肉的态度开始发生变化，即不再仅仅将肌肉作为生存或自卫的手段，而是回到古希腊时的理想主义——将肌肉的发展作为对人体的一种颂扬。于是，人们开始崇尚健身运动。在当时，德国人"尤金·山道"首创了通过各种姿态来展示人体美，为现代健美运动的发展奠定了基础。

到了20世纪70至80年代，随着遍及全球的健身热和娱乐体育的发展，健身以其强大的生命力风靡世界。

在中国，由于政治、经济发展等原因，老百姓的健身有着明显的时代特征，健身内容也不断变化着。20世纪50年代具有特色的是广播体操。当时，新中国成立不久，亟需一种最简单、最易普及的群众性体育活动来提高国民身体素质，广播体操在这种政治、经济的大环境下应运而生。到了20世纪70年代，人们主要参与的是长跑活动。虽然这一时期的群众健身大多缺少运动器材和场地，但参与率高，极大地促进了大众健身的发展。到了20世纪80年代，健身项目得到普及。许多小型健身器械不断涌现，如：拉力器、握力器等，深受当时青年人的热捧。

▲ 拉力器

▲ 握力器

健身有许多作用，它可以使人拥有健美的体形，可以使人全身充满力量，朝气蓬勃，可以降低人们得病的几率，可以提高人们身体的恢复力。长期健身还可以强化心肌功能，提高运动后心脏的恢复机能水平，提高自我心理调节能力，提高基础代谢率，降低血压、血脂，强化肌肉，改善和平衡身体形态，提高身体柔韧性以增强肌体的防损伤能力，提高肺循环和体循环的机能水平等作用。

▲ 健身房

▲ 健身运动

 二 健身器械的分类

健身房的健身器械有很多种，根据身体的锻炼范围可以分为三类：全身性、局部性和小型健身器械。

1. 全身性健身器械

全身性健身器械属于综合性器械，可供多人同时在一个器械上进行循环性或选择性练习。这种健身器械通常体积较大，功能较全，价格不菲。全身性健身器械有很多种，其中较为特殊的是多功能跑步机，这种跑步机虽然属于全身性健身器械，但它只是在单功能跑步机的基础上增加了划船、蹬车、俯卧撑、腰部旋转、按摩等功能，所以体积并不是很大，同样适合家庭健身房。

▲ 全身性健身器械

▲ 多功能跑步机

2. 局部性健身器械

局部性健身器械多属专项训练器械，这种器械结构小巧，多数能折叠，有的还兼具趣味性。但是它的功能相对单一，主要是侧重局部肌群的锻炼。这种器械既有以配重砝码、液压拉缸为重载的力量型，也有以自身为动力的非力量型，无需拆装组合。有的还配有时间、速度、距离、心率的电子显示装置，使锻炼者可以自己掌握运动量。因此，这一类型的健身器械颇受健身爱好者的青睐，也可用于家庭健身房。

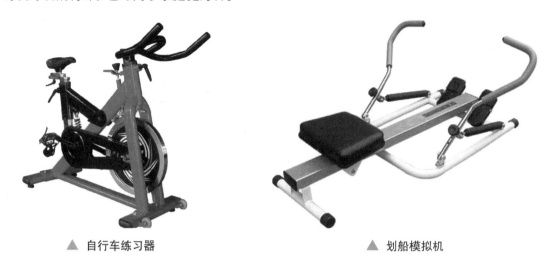

▲ 自行车练习器   ▲ 划船模拟机

3. 小型健身器械

小型健身器械的体积虽小，但它的锻炼价值并不低。以可调式哑铃为例，它不仅适合不同的年龄、性别和体质的人进行练习，而且可以使全身各部位肌肉得到锻炼，更是健美爱好者的必备器械。再如弹簧拉力器，它轻便小巧、价格低廉，既便于存放，又易于携带，同样能达到强身健体的目的。此外，还有健身球一类的小型健身器械，适合中老年人使用。

▲ 哑铃   ▲ 健身球

 健身房的区域功能

专业健身房包括有氧健身区、抗阻力力量训练区（无氧区）、组合器械训练区、趣味健身区、瑜伽房、体能测试室、男女更衣室及淋浴区、会员休息区等区域功能。

1. 有氧健身区

有氧健身区主要进行的是有氧健身运动。有氧运动是指人体在氧气充分供应的情况下进行的体育锻炼，即在运动过程中，人体吸入的氧气与需求相等，达到生理上的平衡状态。有氧运动主要包括跳健身舞、跳绳和做韵律操等。

▲ 有氧健身区

▲ 抗阻力力量训练区

2. 抗阻力力量训练区

抗阻力力量训练区主要进行的是抗阻力训练。抗阻力训练又称阻力训练，是一种对抗阻力的运动，主要目的是训练人体的肌肉。传统的抗阻力训练有俯卧撑、哑铃、杠铃等项目，其效果有延缓衰老，减少脂肪含量，减少损伤和疼痛，增加骨密度，缓解骨质疏松、关节病以及其他相关疾病。

3. 组合器械训练区

组合器械训练区主要进行的是大型器械的训练，这种训练是利用大型多功能组合器械进行的全方位的训练，主要项目是利用组合器械锻炼身体的肌肉群。

4. 趣味健身区

趣味健身区是通过各种有趣的游戏来进行锻炼的区域，这种趣味健身既锻炼了身体又愉悦了心情，是近年来新兴的一种健身方法。

5. 瑜伽房

瑜伽房顾名思义就是用来练习瑜伽的区域。近年来，练习瑜伽已经成为了人们健身中不可缺少的一部分。瑜伽是一种运用古老而易于掌握的姿势，使人们达到身体、心灵与精神和谐统一的运动形式。

6. 体能测试室

体能测试室是专门用来测试运动者体能的区域。人们通常通过一些体能的测试来进

▲ 组合器械训练区

▲ 瑜伽

一步修正自己原有的训练计划。

7. 男女更衣室及淋浴区

男女更衣室及淋浴区是让客人在锻炼过后进行沐浴清洗的区域，是健身房必备的区域。

▲ 更衣室

▲ 会员休息室

8. 会员休息区

这里主要是让会员休息、喝水、看书的区域。

活动一：

健身器械的种类有很多，除课上所学到的，你还知道有哪些健身器械吗？

4~5人为一组，选择1~2种自己感兴趣的健身器械，收集相关资料，向同学介绍一下这种器械的使用方法和作用。

任务二　学习如何进行健身房服务

一　健身房运动的礼仪

（1）健身者要遵守纪律、文明健身，禁止在健身房内喧哗、吵闹。

（2）健身设施仅供室内使用，禁止外带、外借或任意挪动。

（3）健身者进入活动室必须爱护室内设施，健身时着运动装，穿运动鞋或软底鞋。

（4）健身者应科学地使用健身器材，根据自身条件循序渐进、量力而行。注意自我保护，确保人身安全。

（5）健身者在健身时，不得干扰他人正常锻炼。人多时要相互谦让，交替使用活动器械，不可长时间一人独自占有。

（6）健身者在健身前，应取下钥匙串和手机等硬物，以防伤害身体、砸坏器械。

（7）在使用器械时，不能违反操作规程、随意拆卸器材。

二 健身房项目的服务流程和标准

1. 准备工作

（1）打卡签到，换好工作服，佩戴名牌，整理好仪容仪表，参加班前会议，了解自身任务。

（2）做好健身房的环境卫生工作。

（3）检查各种健身器械是否整洁完好。

（4）检查更衣箱是否干净。

（5）准备客人所需要的毛巾、饮料等物品。

2. 迎接工作

（1）迎接客人时应面带微笑，主动问好。

（2）询问客人有无提前预约，并向客人介绍各项服务的收费标准，确认开始计时的时间。

（3）询问客人是否需要健身指导以及健身计划定制服务。

（4）按照规定迅速地为客人办好登记手续。

3. 健身房服务

（1）引导客人至其所需要的器械前，如果客人初次使用该器械，则应适当地进行介绍与讲解。

（2）主动为顾客做好器械的调试，检查锻炼强度是否合适，及时送上毛巾与水，在必要时为顾客进行动作示范。

（3）巡视健身房，并为有需要的客人提供帮助。

（4）在客人运动结束后，引导客人至淋浴室或休息区。

4. 结账及送客服务

（1）按照规定为客人迅速办理结账手续。

（2）客人离开时，主动提醒客人不要遗忘随身物品。

（3）检查有无客人的遗留物品，检查各类器械有无损坏。

（4）整理并清洁设施设备。

玩闹的服务员

一天，林先生来到 A酒店的健身房准备进行健身运动。可谁知，林先生走到健身房门口时，没有接待员出来迎接他，他走进去后发现，有的服务员在闲聊，有的自己在健身设备上玩闹。林先生很气愤，认为健身房的服务十分糟糕，于是他找到经理投诉。林先生说："你们酒店的服务生都是这样招待客人的吗？"经理得知情况后立即向林先生道歉："林先生，真是对不起！这是我们酒店服务人员的失职，我真诚地向您道歉，保证以后不会再发生这样的情况了，今天由我为您服务！"道歉之后，经理还送给林先生一张健身打折卡。此时，林先生的面色缓和了些，同意了经理的安排。

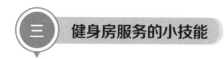

为客人制订健身计划

（1）了解客人的身体状况。为客人测量身高、体重、血压、心率这些基本参数，确定客人身体的基本状况。身高是人的最基本参数，通过身高与体重、围度的比率，可以反映出人是否肥胖，以及匀称程度。

（2）确定客人的健身目标。根据客人不同的年龄和身体素质来制订健身目标，常见的目标有：强化心脏和血管机能、缓解疲劳、控制体重、增强肌肉、提高免疫力等。

（3）确定健身强度。根据客人不同的健身阶段，大致的健身强度应有差别。对于刚开始健身的人，主要是以适应为主，每周运动2~3次，每次30分钟左右，适宜做轻度的锻炼，有条件的，可以全程在教练指导下进行。对于已经健身6~12个月的客人，主要是以提高耐力、提高肌肉质量的运动为主，每周运动2~3次，每次不超过30分钟，可以适度进行中等强度的锻炼。对于已经健身12个月以上的客人，可以适度增加健身的项目和时间，还可增加一些趣味性、对抗性的体育运动。 对于大多数人来说，锻炼达到极限时，一次可以持续30~60分钟，这个持续时间对训练肌肉和调节心血管都具有最佳效果。

活动二：

根据所学的健身房项目的服务内容，将以下情境中的对话补充完整并进行表演。

酒店康乐部服务员小李来到健身房，经理交给他的任务是巡视健身房。小李在巡视的过程发现有一位30岁左右的男士在跑步机上进行锻炼，但是身上并没有系跑步机上的安全夹。于是，小李走到这位男士旁边。

小李：先生，不好意思，打扰您一下。

男士：怎么了？

小李：＿＿＿＿＿＿＿＿＿＿＿＿＿＿＿＿＿＿＿＿＿＿＿＿＿＿＿＿＿＿＿＿＿＿

＿＿＿＿＿＿＿＿＿＿＿＿＿＿＿＿＿＿＿＿＿＿＿＿＿＿＿＿＿＿＿＿＿＿＿＿

男士：哦！我知道了，我会系好安全夹的！

小李：＿＿＿＿＿＿＿＿＿＿＿＿＿＿＿＿＿＿＿＿＿＿＿＿＿＿＿＿＿＿＿＿＿＿

男士：嗯！我了解了！那你能告诉我常见的健身设施有哪些吗？

小李：＿＿＿＿＿＿＿＿＿＿＿＿＿＿＿＿＿＿＿＿＿＿＿＿＿＿＿＿＿＿＿＿＿＿

男士：好的，我知道了，谢谢你！

小李：谢谢您的配合，很高兴为您服务！

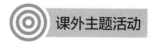

顾先生今年40岁，身高176厘米，体重185斤。身为某公司部门经理的他通过同事的介绍逐渐迷上了健身。某天他来到健身房，希望教练帮他制订健身计划。

如果你是那位教练，你会如何帮他设计健身计划？请尝试写出为顾先生制订的健身计划。

答：_____

_____

_____

_____

　拓展阅读

酒店健身房实景欣赏

▲ 上海波特曼丽嘉酒店健身房　　　　▲ 上海华亭宾馆健身房

健身运动的相关组织

1. 国际健美联合会

国际健美联合会成立于1946年，现有169个协会会员。1969年，国际健美联合会加入国际单项体育联合会总会，1998年得到国际奥委会的承认。国际健美联合会的任务是在国际上促进、发展和管理健美运动，通过运动、合理的营养和力量练习促进健康状况，发展其成员之间的友好与合作关系，支持国家协会的活动，制定、实施和监督业余和职业健美运动竞赛的规则等。

2. 中国健美协会

中国健美协会是中国健美健身运动的管理机构，是亚洲健身健美联合会及国际健美联合会的团体会员。主要职责是宣传贯彻党对体育工作的方针、政策和国务院颁布的《全民健身计划》，研究制定健美健身项目的发展规划及健美健身竞赛规则等。

酒店名言

You are the hotel, because you are the person who is going to help fill his or her needs.
你就代表酒店，因为你是帮助客人满足其需求的人。

模块

室内攀岩项目的相关知识及其服务

1. 知识目标

 （1）了解攀岩运动项目的发展过程。

 （2）熟悉室内攀岩运动项目的场地、用品等设施设备。

 （3）知道攀岩的攀登方式。

2. 技能目标

 （1）能够掌握攀岩运动相关装备的使用方法。

 （2）能够为客人提供符合规范和标准的室内攀岩项目服务。

 （3）能够运用所学的攀岩攀登方法为客人提供帮助。

任务一 认识攀岩运动

一 攀岩运动的发展过程

攀岩运动属于登山运动，也可以说是由登山运动派生而来的，它具有很强的技巧性、冒险性。攀岩运动要求攀登者运用抓、握、挂、抠、撑、推、压等动作技巧，在岩壁上保持身体平衡并向上攀登。

攀岩运动起源于远古时代。当时的人类在遇到捕猎者或敌人时，为了躲避危险而跃身一跳，爬到山上，衍生出了攀岩这一运动。

17世纪中期的冰河地形以及雪山成为早期登山者主动迎接的挑战，而他们的足迹更是遍布了阿尔卑斯山区。1850年，登山者逐渐发明了一些简单的攀登工具来帮助他们通过岩壁和一些冰河地形，如：有爪的鞋子、改良过的斧头等，这些都是冰爪和冰斧的雏形。1947年，苏联成立了世界上第一个攀岩委员会。1948年，苏联在国内举办了第一届攀岩锦标赛，这也是世界上首次正式的攀岩比赛，自此攀岩运动开始在欧洲盛行。到了1976年，苏联更是举办了首届国际攀岩比赛。1987年，中国登山协会派出了8名教练和队员来到日本长野，系统地学习攀岩。在他们回国后的那年10月，在北京怀柔水库自然岩壁举办了第一届全国攀岩比赛。

▲ 攀岩运动（1）

▲ 攀岩运动（2）

二 岩壁的种类

1. 天然岩壁和人工岩壁的区别

岩壁分为两种，天然岩壁和人工岩壁。人工岩壁是指人为设置岩点和路线的模拟墙壁。这种岩壁可以在室内和室外进行攀岩技术的训练，难易程度可以由人随意控制，而且训练时间也比较机动，但高度和真实感有限。天然岩壁是指大自然在地壳运动时，自然形成的悬崖峭壁，这种岩壁给人的挑战性和真实感都比较强，攀登者可以选择攀岩的岩壁、攀岩路线和攀登地点，而且由于天然岩壁的路线变化丰富（如：裂缝、凸台、凹窝、仰角等），会让人感觉更具挑战性，也更加刺激。

▲ 天然岩壁

▲ 人工岩壁

2. 人工岩壁的种类

（1）打孔锁岩块岩壁。

这是目前施工方式最简单且成本最低的一种岩场类型。它只需要按照标准的技术在混凝土壁上钻孔，打入膨胀锚桩作为岩石点即可。这种岩壁的缺点是高度一般都比较有限，因为造高会增加施工难度，成本会上升。此外，这种岩壁的岩点只能向外凸出而无法向内凹入，而且它的路线变化较少。

（2）木合板岩壁。

这种岩壁是用热压木合板，在外面涂上一层多元酯凝结物（国内大都是用油漆代替），在背面用金属的钢架支撑构建而成的。因为木合板岩壁是用一块块木合板组合而成的，所以它除了最基本的平面形式以外，还可以通过计算，用不同大小的板子，再重新组合成立体凹凸的一些攀岩岩面。所以，虽然它的成本比打孔锁岩块形式的岩壁要高一点，但它的岩面变化度也比较丰富。

▲ 打孔锁岩块岩壁

▲ 木合板岩壁

（3）平面合成板岩壁。

这是一种由单位岩板组合而成的岩壁。由于这种合成岩板的基本材料是玻璃纤维增强多元酯，所以它最大的优点就是不管是变化多复杂的设计，它都可以像积木一样重新组装起来。由于其材料本身的特性，可进行粗糙化处理及表面雕花，这让它的触感更真实，是目前最佳的岩场材料。

平面合成板岩壁与木合板岩壁不同，它的表面可以是立体雕塑图案。这种立体图案不仅具有美观效果，而且图案的凸起部分是很好的握点和踏足点，变化丰富，是国际比赛选用的标准场地。

▲ 平面合成板岩壁　　　　　　　▲ 3D曲面雕塑岩壁

（4）合成材质——3D曲面雕塑岩壁。

这种3D曲面雕塑岩壁拥有酷似真岩石的外观，它能让攀岩者体会到攀登天然岩石的感觉。

（5）自由造型雕塑岩壁。

这种岩壁的外形是没有任何限制的。它的材质也是玻璃纤维增强多元酯，但和平面合成板岩壁不同的地方是：它可以依照客户的需求，做成各种不同的造型、图案（如：企业的标识、艺术画作、卡通漫画等）。这种岩壁除了可以做成攀岩场外，还可以用来设计各种山水造景。

 攀岩的攀登方式

1. 顶绳攀登（Top-rope）

绳子在顶上，攀岩者始终处于绳子下方。这种方法比较适合初学者，由两人一组来进行练习。攀登者和保护者沿另外的通道登上顶端，然后将绳索的一头系在攀登者腰间的安全带上，安全绳的另一头握在保护者的手中，攀登者拴上绳索后往下攀岩。由于绳索是从上方来保护攀登者的，这样加强了攀登者的安全感。

2. 先锋攀岩（Lead Climb）

绳子和保护装置处于攀岩者的下方。保护点可以事先设定，也可以待攀岩者到达时设定。这种方法比较适合已经学会攀岩的攀登者。因为保护者可以根据攀登者的进度慢慢放松安全绳索，攀登者还可以一边攀登，一边将绳索系于攀岩墙上的螺栓等保护装置。如果攀登者不慎跌落，只能依靠自己的力量重新爬上去。

3. 徒手攀登巨型岩石（Bouldering）

这种攀岩方式一般是指可以飞身跌落的所有攀岩运动。攀登者除了攀岩鞋以外无需任何其他装备，是最原始、最自然的攀岩方法。这种方法通常适用于高度在4米以下的岩石。

（a）　　　　　　　　　（b）　　　　　　　　　（c）

▲ **不同的攀岩方法**

 四　攀岩的装备、用具

1. 安全带

安全带分为攀岩安全带和登山安全带。攀岩安全带仅可用于攀岩，而登山用的安全带也可以用作攀岩。

▲ **安全带**　　　　　　　　　　▲ **下降器**

2. 下降器

目前最普遍的下降器就是"8"字形的下降器。它能与绳索产生摩擦力，从而产生缓冲效果，达到慢速下降的目的。

3. 铁锁、绳套

用于连接保护点，是登山者自我保护的必备装备。

4. 安全头盔

在攀登时，山上可能会有小块石头掉落下来，为了防止这些石头砸到自己的头部，安全头盔是必备的。

5. 攀岩鞋

一种摩擦力很大的攀岩专用鞋。

▲ 攀岩鞋

▲ 镁粉

▲ 粉袋

6. 镁粉和粉袋

可用于防止手滑。

7. 绳子

攀岩一般使用直径 9~11毫米的主绳（最好是用直径11毫米的主绳）。

悬挂式帐篷

8. 岩石锥、岩石锤、岩石楔

岩石锥是用于固定岩壁的各种锥状、钉状、板状物的且用金属材料做成的保护器械。

岩石锤是在钉岩石时使用的工具。

岩石楔和岩石锥的作用一样，但是它可以随时放取。

9. 悬挂式帐篷

悬挂式帐篷是用于在岩壁上过夜的夜间休息帐篷，它必须通过固定点和绳子将帐篷悬挂于岩壁。

除了以上装备外，还可根据个人的需要准备背包、炊具、小刀、打火机等用具。

五　攀岩比赛的类型

1. 难度攀岩

这是一种在规定时间内，通过攀岩者攀爬的高度来决定攀岩成绩好坏的比赛。

2. 速度攀岩

这是一种按指定的路线，以时间区分优劣的比赛。它如同田径比赛里的百米赛跑一样充满着韵律感和跃动感。

3. 抱石比赛

这是一种攀登者在无绳索的情况下，只靠自身力量完成攀登的比赛。抱石比赛的线路较短、难度较大，选手需要有较好的爆发力和柔

▲ 攀岩比赛

韧性。比赛设置结束点和得分点，抓住得分点并做出一个有效动作可得分，双手抱住结束点3秒得分。比赛有4~6条线路，一条线路5分钟时间。判定名次首先看获得的结束点有多少，如果结束点同样多，其次看得分点数量，最后看攀爬次数。

活动一：

在了解了一定的攀岩项目相关知识后，尝试进行一次攀岩活动。

第一步：和同学一起体验一次攀岩活动。

第二步：让同学拍下你攀岩的过程（照片或视频）。

第三步：在班级里和同学分享自己攀岩后的体会。

任务二　学习如何进行攀岩服务

 攀岩运动的礼仪

1. 观众礼仪

（1）在观看攀岩比赛时不能喧哗；他人在攀岩时，不要随意指点。

（2）不能干扰保护者，一旦干扰保护者，就可能造成极大的危险。

（3）不要嘲笑和贬低其他攀爬者。

2. 攀爬者礼仪

（1）尊重线路。每一条线路的设计都有它的理由，不要擅自更改攀岩路线，这样会造成危险。

（2）攀岩时不要挑衅他人。

（3）在攀爬时，要量力而行，不要逞强，这样不仅会对自己造成很大的危险，也会对保护者造成很大的困扰。

（4）保护者在攀岩活动中保障了攀爬者的安全，无论攀登成功与否，攀爬者都应对保护者表示感谢。

3. 保护者礼仪

（1）在攀爬者攀岩时，除了有关安全的提示、偶尔的加油鼓励外，都应保持安静，不能对其大喊大叫。

（2）保护者应时刻将注意力放在攀爬者身上，保障其安全。

 攀岩项目的服务流程和标准

1. 准备工作

（1）打卡签到，换好工作服，佩戴名牌，整理好仪容仪表，参加班前会议，了解自身任务。

（2）做好室内攀岩区域的环境卫生工作。

（3）检查各种攀岩设施、装备和用具是否整洁完好。

2. 迎接工作

（1）迎接客人时应面带微笑，主动问好。

（2）询问客人有无提前预约，向客人介绍各项服务的收费标准。

（3）询问客人是否需要专业指导，并按照规定迅速地为客人办好登记手续。

（4）提醒客人更换攀岩鞋。

3. 室内攀岩服务

（1）引导客人至岩壁前，如果客人是第一次尝试攀岩，则应作适当的介绍与讲解。

（2）主动为客人系好安全带，做好装备的调试工作，并在必要时向客人示范动作。

（3）客人在攀岩时，记录好相关信息，并为客人鼓劲加油。

（4）在客人攀岩结束后，引导客人至休息区。

（5）在客人进行室内攀岩比赛时，可为其提供裁判服务。

4. 结账及送客服务

（1）按照规定，为客人迅速办理结账手续。

（2）客人离开时，应主动提醒客人不要遗漏随身物品。

（3）检查有无客人的遗留物品。

（4）整理并检查装备、用具有无损坏。

（5）在营业结束后，按照规定做好交接工作。

小心驶得万年船

在A酒店的室内攀岩场地内，服务员小吴发现客人张先生没有佩戴安全绳就打算进行室内攀岩，于是急忙上前制止了张先生。"张先生您好，按照规定，您最好还是佩戴一下安全绳，然后再进行室内攀岩，这样能确保您的安全。"张先生却反驳道："不用了，我在其他室内、室外都进行过攀岩活动，没有系安全绳是没问题的，再说你们酒店的岩壁也不高，不用了。"小吴立即领会了，张先生是因为对自己的攀岩技巧很自信，所以才不愿佩戴安全绳。小吴赶紧接着说："您的攀岩技术当然是一流的，只不过俗话说'小心驶得万年船'嘛！为了您自身的安全，咱们当然是多一重保障更好！您说对不对？"听了小吴的话，张先生表示了同意，立即佩戴了安全绳。

 攀岩服务的小技能

攀岩的基本要领

（1）抓：用手抓住岩石的凸起部分。

（2）抠：用手抠住岩石的棱角、缝隙和边缘。

（3）拉：在抓住前上方牢固支点的前提下，小臂贴于岩壁，抠住石缝隙或其他地形，使用手臂和小臂的力量使身体向上或向左右移动。

（4）推：利用侧面、下面的岩体或物体，以手臂的力量使身体移动。

（5）张：将手伸进缝隙里，使手掌或手指曲屈张开，以此抓住岩石的缝隙作为支点，移动身体。

（6）蹬：用前脚掌内侧或脚趾的蹬力把身体支撑起来，减轻上肢的负担。

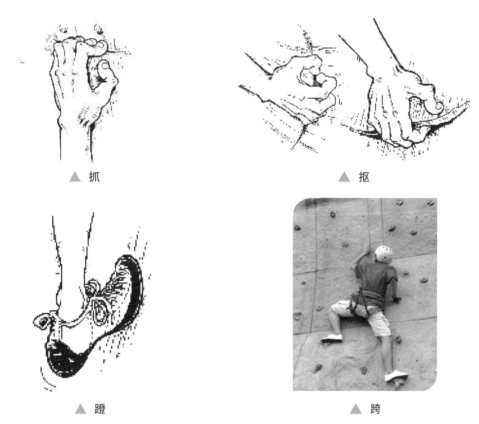

▲ 抓　　　　　　　　　　　　　　　▲ 抠

▲ 蹬　　　　　　　　　　　　　　　▲ 跨

（7）跨：利用自身的柔韧性，避开难点，以寻求有利的支撑点。

（8）挂：用脚尖或脚跟挂住岩石，维持身体平衡并使身体移动。

（9）踏：利用脚前部，下踏较大的支点，减轻上肢的负担，移动身体。

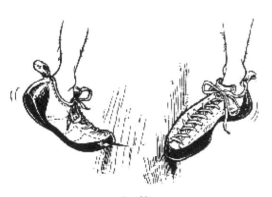

▲ 挂　　　　　　　　　　　　　　　▲ 踏

攀岩的安全须知

（1）攀岩前要换上适合的衣服，活动关节，放松肌肉，调节心情。

（2）系上安全带和保护绳，以免发生危险。

（3）要尽量使身体的重心落在前脚掌，减轻手指和臂腕的负担。登顶下落时，要注意配合下落趋势，适当地用脚支撑，避免擦伤。

活动二：

根据所学攀岩项目的服务内容，将以下情境中的对话补充完整并进行表演。

小邱最近在酒店康乐部的攀岩场地实习，今天酒店里正在进行一场攀岩比赛。在比赛的观众席上，一位25岁左右的男子离开座位，正对着参赛者大声喊叫，严重干扰了比赛，于是小邱走到了该男子身边。

小邱：先生，不好意思，打扰您一下。

男子：怎么了？

小邱：＿＿＿＿＿＿＿＿＿＿＿＿＿＿＿＿＿＿＿＿＿＿＿＿＿＿＿＿＿

男子：啊？这样啊，那你说下，在观看攀岩比赛时，还应该注意些什么呢？

小邱：＿＿＿＿＿＿＿＿＿＿＿＿＿＿＿＿＿＿＿＿＿＿＿＿＿＿＿＿＿

男子：这样啊，如果我自己想上去试试要注意什么吗？

小邱：＿＿＿＿＿＿＿＿＿＿＿＿＿＿＿＿＿＿＿＿＿＿＿＿＿＿＿＿＿

男子：哦！我知道了，谢谢！

小邱：非常感谢您的配合，很高兴为您服务！

◎ 课外主题活动

刘先生听说A酒店的攀岩场地非常不错，作为攀岩爱好者的他就在假日期间来到酒店。刘先生到了攀岩场却发现场地正在进行维修，不能对外开放。他感到非常失望，就叫来康乐部的经理进行投诉。如果你是经理，你会怎么做？

答：＿＿＿＿＿＿＿＿＿＿＿＿＿＿＿＿＿＿＿＿＿＿＿＿＿＿＿＿＿＿＿＿＿＿＿＿

＿＿＿＿＿＿＿＿＿＿＿＿＿＿＿＿＿＿＿＿＿＿＿＿＿＿＿＿＿＿＿＿＿＿＿＿＿＿

＿＿＿＿＿＿＿＿＿＿＿＿＿＿＿＿＿＿＿＿＿＿＿＿＿＿＿＿＿＿＿＿＿＿＿＿＿＿

＿＿＿＿＿＿＿＿＿＿＿＿＿＿＿＿＿＿＿＿＿＿＿＿＿＿＿＿＿＿＿＿＿＿＿＿＿＿

◎ **拓展阅读**

酒店攀岩场地实景欣赏

▲ 惠特尼峰酒店攀岩场地

▲ 太湖牛仔风情度假村攀岩场地

攀岩运动的相关组织

1. 国际攀岩联合会

国际攀岩联合会是一个国际性的非官方、非营利性组织，其主要目标是指导、调控、提升、发展和促进世界各地的攀岩比赛。

2. 中国登山协会

中国登山协会是中华人民共和国组织、管理和推进登山运动的唯一的全国性机构，自1958年成立以来组织过数十次在国内外有重大影响的高山探险活动。

▲ 中国登山协会

酒店名言

Do ordinary things extraordinary well.
小事也要力求完美。

项目三

学习
休闲娱乐类康乐服务项目

模块

卡拉OK项目的相关知识及其服务

学习目标

1. 知识目标

（1）了解卡拉OK的发展过程。

（2）熟悉卡拉OK项目的场地、用品等设施设备。

2. 技能目标

（1）能够为客人提供符合规范和标准的卡拉OK项目服务。

（2）能够正确使用卡拉OK厅的常用设备。

任务一　认识卡拉 OK

一　卡拉 OK的发展过程

　　卡拉OK起源于日本。在日本，如果男人每天很早回家会觉得很丢人，会让邻居们觉得这个人天天工作连个应酬都没有，是一种没有本事的表现。所以，日本的很多男人每天下班后就会聚集在酒吧和茶馆聊天,后来他们觉得应该找个新方式消磨时间,于是就在酒吧一边喝酒,一边拿着电视机话筒唱歌。

　　20世纪60年代，日本的井上大佐在担任沙龙乐队鼓手的时候，发明了伴唱声轨和可携式麦克风，这就是卡拉OK的雏形。

　　20世纪60年代末，随着盒式录音机的问世，左右立体声磁带可以录制两个声源，一路是伴奏音乐，一路是人声歌唱，人们可以用这种磁带学习流行歌曲的演唱。当人们学会唱这首歌以后，就可以关掉人声这路通道，通过话筒自己演唱这首歌曲。这种娱乐活动在日本流行了起来,日本人将此称为KARAOKE娱乐游戏,KARA是日本语"空"的意思,OKE是英语"Orchestra"（交响混音）日本语音译。

　　20世纪80年代末，中国才出现歌舞厅，而卡拉OK是在1989年的时候首次出现在北京的歌舞厅中，并迅速在中国发展起来的。

▲　卡拉OK（1）

▲　卡拉OK（2）

二　卡拉 OK的设施设备

1. 话筒

　　在卡拉OK的相关设备中，话筒无疑是很重要的一部分。话筒作为卡拉OK的传声媒介，是演唱者在演唱时必不可少的传声设备。话筒的使用方法对于演唱者来说尤为重要，所以在使用话筒时需要注意：（1）话筒的输出阻抗要与卡拉OK机的输入阻抗相匹配。（2）如果使用两

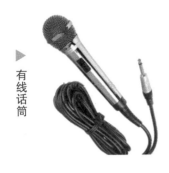

有线话筒

无线话筒

支以上的话筒时，话筒的相位要统一。（3）使用前要将卡拉OK的音量调整好，以免初始音量过大，烧毁功放机和扬声器。（4）使用时不要用手捂住网罩挡住进声孔，以免影响话筒性能的发挥，降低演唱的效果。（5）保存话筒时应防尘、防震、防潮和防磁等。

使用卡拉OK话筒的正确方法有：

（1）当演唱弱音时，传声器应离口唇近，这样音色就会变得低沉、真实而细腻。

（2）当演唱强音时，应将传声器远离口唇，这样能使音色变得嘹亮、粗犷。

（3）一般唱歌时，换气的时候需要轻一点，否则会破坏整首歌的连贯性。在表达歌曲中的特殊情感时，可以发出明显的换气声来烘托情绪。

（4）话筒的敏感度很高，所以咬字过重时就会发出"砰砰"声，在咬字方面需要多加注意。

由于传统的话筒限制了人们活动的范围，所以随着时代的进步，出现了无线话筒来解决这个问题，使人们在演唱的时候能够自由活动。

2. 音箱

音箱一般分为密闭式音箱、低音反射式音箱、声阻式音箱、传输线式音箱和无源辐射式音箱。

（1）密闭式音箱。

密闭式音箱又叫气垫式音箱，它是结构最简单的扬声器系统，声色有些深沉，低音分析力好。使用普通硬折环扬声器时，为了得到满意的低音重放，需要采用容积大的大型箱体，新式的密闭式音箱大多选用Q值适当的高顺性扬声器。

▲ 密闭式音箱（1）

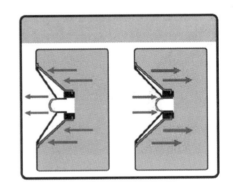

▲ 密闭式音箱（2）

（2）低音反射式音箱。

低音反射式音箱又叫倒相式音箱，这种音箱用较小箱体就能重放出丰富的低音，是应用最为广泛的类型。

（3）声阻式音箱。

声阻式音箱是一种变形的倒相式音箱，它可以降低反共振频率来展宽低音重放频段。

▲ 低音反射式音箱（1）

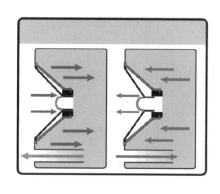

▲ 低音反射式音箱（2）

▲ 声阻式音箱（1）

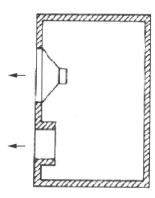

▲ 声阻式音箱（2）

（4）传输线式音箱。

传输线式音箱这个名字是用古典电气理论的传输线命名的，它具有轻度阻尼和调谐作用，增加了扬声器在共振频率附近或以下的声输出，并在增强低音输出的同时减小冲程量。

▲ 传输线式音箱（1）

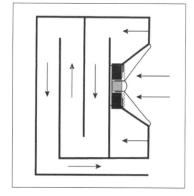

▲ 传输线式音箱（2）

（5）无源辐射式音箱。

无源辐射式音箱又叫空纸盆式音箱，是低音反射式音箱的分支，它避免了反射出声孔产生的不稳定的声音，即使容积不大也能获得良好的声辐射效果，所以灵敏度高，可有效地减小扬声器工作的辐度，驻波影响小，声音清晰透明。

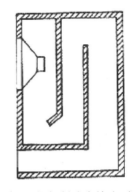

▲ 无源辐射式音箱（1）　　　　　　　▲ 无源辐射式音箱（2）

3. 点歌机

点歌机，别名为卡拉OK机、点唱机等，是卡拉OK厅用来点歌的设备。点歌机具有按歌星点歌、按拼音点歌、按笔画点歌等功能，同时也具有边唱边点的功能，一般通过触摸屏幕来进行搜索、点歌。

▲ 点歌机　　　　　　　　　　　　　　▲ 功放机

4. 功放机

卡拉OK里的功放机主要有调节混响总音量、调节话筒总音量、控制音乐总音量、控制音质等作用。

5. 墙板

卡拉OK墙板可进行切歌、调节伴奏（原唱）、静音、暂停、调节音量以及呼叫服务台等功能。

▲ 墙板（1）　　　　　　　　　　　　▲ 墙板（2）

活动一:

对周围的人做一份酒店卡拉 OK房的调查,并介绍卡拉 OK项目。

关于酒店卡拉 OK房的小调查

您好,我们是"康乐服务卡拉OK项目"调研小组。

我们需要了解周遭亲戚朋友对酒店卡拉OK项目的了解程度,麻烦您如实填写问卷,谢谢。

1. 您喜欢唱歌吗?

A. 喜欢   B. 不喜欢   C. 一般

2. 您一般多久到卡拉 OK唱一次歌?

A. 每周都去   B. 每月都去   C. 几乎不去

3. 您会选择去哪里的卡拉 OK房唱歌?

A. 酒店中的卡拉 OK房   B. 专门的卡拉 OK房   C. 酒吧

4. 您会选择酒店卡拉 OK房吗? 为什么?

_____

5. 您对现有酒店的卡拉 OK房有什么建议?

_____

任务二 学习如何进行卡拉 OK 房服务

卡拉 OK的相关礼仪

1. 点歌

(1)点歌时要照顾到他人,应让长者、客人等优先。

(2)不应连续点很多自己的歌,将他人的歌延后。

(3)不应重复点他人唱过的歌。

2. 唱歌

(1)在他人唱歌时切勿抢唱,这是很不礼貌的行为。

(2)在他人唱歌时,如未经允许,不要跟唱,以免影响他人。

(3)不应将音量调得过响,影响他人。

3. 听歌

（1）尽量安静地听他人唱歌。聊天时注意音量，尽可能照顾唱歌者的心情。

（2）如演唱者唱得好时，应表示夸赞。

（3）在别人唱歌的时候，应尽量不要去做其他事情。

4. 切歌

（1）切歌时，应征得别人的同意。

（2）不要反复切歌。

 卡拉OK服务的流程和标准

1. 准备工作

（1）打卡签到，换好工作服，佩戴名牌，整理好仪容仪表，参加班前会议，了解自身任务。

（2）做好卡拉OK厅、休息区的环境卫生工作。

（3）检查各包厢话筒、音响质量，确保点歌系统正常运行。

2. 迎接工作

（1）迎接客人时应面带微笑，主动问好。

（2）询问客人有无提前预约，向客人介绍各项服务的收费标准，确认开始计时的时间。

（3）按照规定迅速地为客人办好登记手续。

3. 卡拉OK厅服务

（1）引导客人至包厢，打开灯光和点歌机，为客人递送酒水单并提供一次性话筒套等物品。

（2）为客人演示点歌机的使用方法，并告知客人"呼叫服务"按钮的位置。

（3）加强对卡拉OK厅的巡视，维持卡拉OK厅的秩序，并为"呼叫服务"的客人提供服务（如点单等）。

4. 结账及送客服务

（1）按照规定为客人迅速办理结账手续。

（2）客人离开时，应主动提醒客人不要忘记随身物品。

（3）检查包厢内有无客人的遗留物品，检查各设施设备有无损坏。

（4）将包厢迅速整理干净。

（5）在营业结束后，按照规定做好交接工作。

带走的《朋友》

来自上海的李先生跟随着旅游团住进了A酒店，晚上他和几个游伴来到了酒店康乐中心的卡拉OK厅进行娱乐。在热烈愉悦的气氛中，李先生点了一首《朋友》进行演唱，他拿着麦克风说："今天我很开心，有幸认识了这么多朋友，但很遗憾不能把这精彩的时刻带回家，就让我把这首《朋友》送给在座的各位！"大家都拍手叫好。

临近散场时，意犹未尽的李先生正要起身，服务员小刘满脸笑容地走了过来，递上了一张CD并对他说："先生，十分感谢您为大家带来如此动听的歌声，我们已经将您刚才演唱的歌曲录了下来，让您可以把欢乐和回忆带回家。"拿着这张CD，李先生十分惊喜与感动，对酒店的服务给予了很高的评价。

 卡拉 OK服务的小技能

卡拉 OK厅常用设备的使用方法

1. 话筒

在将话筒交给客人前，应先套上话筒保护套。

（1）有线话筒：在使用前应先将接头插入相应的设备中，然后再进行开关操作。

（2）手持式无线话筒：由音头（网头）、手持管体、电池、电源指示灯、电源开关、电池盒、电池盖、可更换橡胶色带和可拆管尾组成。在打开电源开关后，电源指示灯随之闪亮，当电池电压低于标准工作电压时，此灯变为常亮，此时应为客人更换电池。

2. 音箱

卡拉OK里的音箱背后有两个接线柱，红色为正极，黑色为负极，对应音箱线红色接正极，白色接负极，部分音箱线没有颜色区分。注意线表皮有字部分一般为负极。

3. 点歌机

在确认所有电源均断开后，先将视频线的一端接入点歌机的视频插口，另一端插入电视机的视频输入端口，将音频线的一端插入点歌机的左右声道音频插口，另一端插入功放机的左右声道音频输入口，将显示器的数据线直接插接到点歌机后面板的VGA接口，开启电源，即可进行服务。

▲ **音箱背面的接线柱**

4. 功放机

功放机上的"ECHO"和"ECHOVOL"旋钮可以控制混响回音的直达声大小；旋钮"MICVOL"可以控制所有话筒的音量；旋钮"MUSICVOL"可以控制电脑伴奏的音量大小；音质可以通过话筒低音"MICBASS"、话筒高音"MIC-TREBLE"、音乐低音"MUSICBASS"、音乐高音"MUSICTREBLE"来控制。

活动二：

根据所学的卡拉OK项目的服务内容，将以下情境中的对话补充完整并进行表演。

小林在A酒店的卡拉OK厅实习，领班安排他负责给包厢客人送酒和饮料。一天，小林到 301包厢送啤酒，结果被包厢内的客人叫住。客人向他反映包厢内的一台音箱坏了，希望小林把它修好。

客人：服务员，你们包厢的这个音箱坏了，你能给修一下吗？

小林：好的，请您稍等，我们将会立刻为您进行维修。

客人：其实我看到过很多不同的音箱，我想问一下你们的音箱一般分为几种呢？

小林：＿＿＿＿＿＿＿＿＿＿＿＿＿＿＿＿＿＿＿＿＿＿＿＿＿＿＿＿＿＿＿

＿＿＿＿＿＿＿＿＿＿＿＿＿＿＿＿＿＿＿＿＿＿＿＿＿＿＿＿＿＿＿＿＿

客人：那你们对音箱进行调试时，会用到哪些设备？

小林：＿＿＿＿＿＿＿＿＿＿＿＿＿＿＿＿＿＿＿＿＿＿＿＿＿＿＿＿＿＿＿

＿＿＿＿＿＿＿＿＿＿＿＿＿＿＿＿＿＿＿＿＿＿＿＿＿＿＿＿＿＿＿＿＿

客人：这样啊，我知道了，谢谢你！

小林：这是我应该做的，很高兴为您服务！

课外主题活动

田先生入住了A酒店，他和3位同事准备到酒店的卡拉OK厅去唱歌，放松一下。到了包厢，田先生发现包厢里一共有4支话筒，但是其中有一支话筒是坏的。田先生觉得这么大的一家酒店竟然连话筒都不能准备好，于是就向卡拉OK厅的主管进行投诉。如果你是主管，你会怎么做？

答：＿＿＿＿＿＿＿＿＿＿＿＿＿＿＿＿＿＿＿＿＿＿＿＿＿＿＿＿＿＿＿＿＿

＿＿＿＿＿＿＿＿＿＿＿＿＿＿＿＿＿＿＿＿＿＿＿＿＿＿＿＿＿＿＿＿＿＿＿＿

＿＿＿＿＿＿＿＿＿＿＿＿＿＿＿＿＿＿＿＿＿＿＿＿＿＿＿＿＿＿＿＿＿＿＿＿

＿＿＿＿＿＿＿＿＿＿＿＿＿＿＿＿＿＿＿＿＿＿＿＿＿＿＿＿＿＿＿＿＿＿＿＿

拓展阅读

酒店卡拉OK厅实景欣赏

▲ 华阳大酒店卡拉OK厅

▲ 上海景苑水庄酒店卡拉OK厅

卡拉 OK的相关组织

1.中国音像与数字出版协会

中国音像与数字出版协会（原名中国音像协会），是由全国从事音像与数字出版行业生产经营的企事业单位及个人自愿结成的、具有独立法人资格的非营利社会团体，是中华人民共和国唯一的全国性音像与数字出版组织。

2.日本唱片协会

日本唱片协会是日本文化厅所管辖的社团法人，由日本国内音乐产业的主要企业构成，是日本唱片业的代表机构，是国际唱片业协会 48个联盟成员之一。

酒店名言

Simple rule for success, walk the extra mile.

成功之道：总是做得比期望的多一点点。

模块

舞厅项目的相关知识及其服务

1. 知识目标

    （1）了解舞厅的发展过程。

    （2）熟悉舞厅项目的场地、用品等设施设备。

2. 技能目标

    （1）能够为客人提供符合规范和标准的舞厅项目服务。

    （2）能够运用学到的灯光设备维护方法对其进行简单维护。

任务一　认识舞厅

　舞厅的发展过程

14世纪末，民间的舞蹈进入了宫廷城堡中，王公贵族开始在城堡里跳舞。此时的皇宫就是大家跳舞的场所。

在15至16世纪的欧洲，王公贵族开始迷恋一种舞蹈，舞蹈中华丽的音乐和舞姿轻慢而庄重，这种舞蹈的舞步、举止、仪态和舞蹈程序被严格规定。所以，这时跳舞的主要场所是皇宫和贵族城堡。

1768年，在英国巴黎出现了第一家舞厅。自此，交谊舞在欧洲社会中流行。这个时候的交谊舞更具有强烈的民族风味，被称为美国学派的社交舞。然而，舞厅中出现了越来越多的中产阶级和平民百姓，宫廷舞的拘谨严肃已经无法满足他们的需要。于是，舞步简单、形式自由的新式舞蹈陆续被引入舞厅。

18世纪末，法国和英国普遍开始设立商业化的公共舞厅。这时，社交性的交谊舞又被称为舞厅舞（Ballroom Dancing）。

20世纪初，人们可以在舞厅里尝试跳多种舞蹈，如：华尔兹、探戈、狐步、伦巴、快步舞等国际流行的舞种，亦可以在舞厅里跳着不拘无束、不拘一格、随心所欲的自由舞。

交谊舞早在1924年的时候，便传入了中国当时的几个大城市和通商口岸。20世纪80年代，交谊舞开始在中国流行。

现代舞厅是集舞厅、酒吧、歌厅等设施的综合性娱乐场所，也是集个性化、灵活性和娱乐性为一体的场所，它为大众提供了一个释放心灵的空间。

▲ 皇宫中的舞厅

▲ 宫廷舞蹈

　舞厅的场地与设备设施

1. 场地

舞厅一般包括舞台、舞池、散座、卡座、包房、餐厅、吧台等区域。这里对舞台、舞池和

吧台作详细介绍:

（1）舞台。

舞厅内主要采用的是伸缩舞台，主舞台下方可拉伸出副舞台，并能将其抬平至主舞台同一平面，让表演者有更大的表演空间，接近观众，达到扩大台面，增加娱乐气氛的效果。闲置时，副舞台能缩回主舞台内，增加空间的利用率。舞台主要是供表演者和乐队使用的。

▲ 舞台

▲ 舞池

▲ 吧台

（2）舞池。

舞池是客人用以跳舞的地方，也是吸引客人的核心区域。舞池的地面大多数与舞厅其他区域的地面相平，下沉或凸起者较少。如果将舞池下沉或凸起，应在其周围安装栏杆，以免客人发生跌倒等事故。舞池的地面常用磨光花石或大理石铺垫，周围最好嵌入走珠灯，用以界定舞池的边界。

（3）吧台。

吧台是向客人提供酒水及其他服务的工作区域。吧台由前吧、后吧以及中心吧组成。吧台一般是由大理石和硬木制成，前吧多为高低式柜台（客人用的餐饮台），中心吧为配酒用的操作台，后吧由酒柜、装饰柜、冷藏柜等组成。

2. 设备设施

（1）舞台激光灯。

舞台激光灯是一种可以随音乐节奏自动打出各种激光束、激光图案、激光文字的激光产品，是舞台、舞厅、酒吧、KTV、剧院、电视台、演唱会等场所中常用的、增加气氛的一种产品，按颜色可分为：单色激光灯、双色激光灯、三色激光灯、全彩激光灯和动画激光灯等。激光灯还有功率大小之分，功率越大，激光效果覆盖的空间越大，价格也更贵。

（2）音响。

音响是指除了人的说话声、音乐声之外的其他声响，包括自然环境的声响、动物的声音、机器的声响、人做动作发出的各种声音等。与音响有关的设备包括功放、周边设备（如：压限器、效果器、均衡器、DVD等）、扬声器（音箱、喇叭）、调音台、麦克风、显示设备等。

▲ 激光灯　　　　　　　　　　　　　　　　▲ 与音响有关的设备

　　在学习了舞厅项目的相关知识后，组建自己的创业小组，尝试设计一家你理想中的舞厅。

　　第一步：5~6人为一组，组建自己的创业小组。

　　第二步：收集舞厅的相关资料，画出简单的布局图，包括舞台、舞池、吧台、迎宾、座位等区域的规划，并确立舞厅的装修风格。

　　第三步：将自己小组设计的舞厅向全班展示。

　　第四步：大家讨论，说说哪一组的舞厅布局最合理。

任务二　学习如何进行舞厅服务

一　舞厅的礼仪

1. 正式场合

（1）在准备参加舞会前，无论是男士还是女士都必须保证自己的穿着整洁、得体。

（2）服装的选择应依据场地及舞蹈的形式而定，除了不失礼节外，又必须兼顾个人在跳舞时的舒适和安全。

（3）女士宜穿裙摆较大、长及脚踝的裙子，使舞姿更飘逸动人。头发最好盘起来，梳成发髻。

（4）男士宜穿比较正式的西装，如：深蓝色、灰色西装等。

（5）男士要把头发梳理整齐，胡子剃干净，皮鞋擦亮。

（6）在舞会上，一般由男士邀请女士跳舞，男士可以走到女士面前，目光温和地注视着她，

▲ 舞蹈

微微欠一欠身，礼貌地问她："我可以请你跳舞吗？"当听到女士说"可以"的时候，男士则试探性地伸出右手，如果女士并没有马上把手递过来，则可以顺势说一声"请"，然后让女士走在前面，由她在舞场中选一个地方，再由男士带着她跳舞。一曲终了，男士应把女士送回原来的座位，并向她表示感谢或称赞她舞跳得真好。

（7）跳舞时，一般由男士带领女士跳，女士应密切配合。无论舞步娴熟与否，男士应带领舞伴与舞场中其他人的舞蹈方向保持一致，一般按逆时针方向绕行，不可在舞场中横冲直撞。

2. 非正式场合

（1）男士身着素色T恤、套头背心、套头毛衣、宽松的裤子。

（2）女士则有更多的选择，可根据流行风尚来搭配服装，但勿忘穿舒适的舞鞋。

（3）女士不可佩戴危险的配件（如：大耳环、手表、胸针、长项链等），因为它们可能勾到舞伴的衣服或将舞伴刮伤。

 舞厅服务流程与标准

1. 准备工作

（1）打卡签到，换好工作服，佩戴名牌，整理好仪容仪表，参加班前会议，了解自身任务。

（2）保持舞厅的整洁，清洁并整理好告示牌、烟缸、衣帽间等。

（3）检查饮料、酒水和水果等物品是否供应充足。

（4）检查设施设备，确认其运行正常。

2. 迎接工作

（1）迎接客人时应面带微笑，主动问好。

（2）引导客人进入舞厅。

（3）如有事先预定的客人，引导客人至指定位置。

3. 舞厅服务

（1）客人入座后应立即开始为其服务，递送酒单，并介绍酒单内容。

（2）递送饮料酒水时应操作规范。

（3）客人娱乐时，应随时注意客人的动态和服务需求。

（4）客人饮用完毕的饮料罐和小吃碟等物品应及时收走，并询问是否需要添加。

4. 结账及送客服务

（1）按照规定，为客人迅速办理结账手续。

（2）客人离开时要主动提醒客人不要忘记随身物品。

（3）检查有无客人的遗留物品。

（4）整理各种设备，检查设备有无损坏。

（5）在营业结束后，按照规定做好交接工作。

西裤的污渍

　　在 A酒店的舞厅内，客人李先生正在跳舞。服务员小陈手中托着几杯饮料正好路过李先生的旁边，小陈专注于手上的饮料并没有注意脚下，一不小心，踩到了李先生的脚，饮料也溅了出来，溅到了李先生的西裤上，小陈连忙道歉："对不起先生，您的脚没事吧？"李先生说："没事没事。"小陈看见李先生裤子上有污渍，问道："这污渍……"李先生摇摇手说："没关系，我一会儿自己擦一下。"小陈想了想，说道："您看您现在方便回房把西裤换下来交给我吗？我马上拿去洗衣房给您免费洗熨，下午五点前送回您房间，可以吗？"李先生欣然一笑，连连点头，答应了小陈的安排。

 舞厅服务小技能

舞厅灯光设备的使用和维护方法

　　舞厅的灯光可以调动娱乐气氛，满足一定的艺术效果。不同的灯光类型，其使用和维护的方法也不同：

▲ 舞厅灯光（1）

▲ 舞厅灯光（2）

1. 激光灯

　　激光灯光具有颜色鲜艳、亮度高、指向性好、射程远、易控制等优点，看上去更具神奇梦幻的感觉。外挂镜片由于受到音响的震动，反射的光可能会偏掉，平时应多注意维护。时间长了，镜片表面会出现很多油渍，一般3个星期清洁一次。清洁方法：用湿纸巾轻轻擦拭镜片表面，然后用干纸巾把镜片擦拭干净即可。

2. 泛光灯

　　泛光灯是一种可以向四面八方均匀照射的点光源，它的照射范围可以任意调整，须定期擦拭清洁。

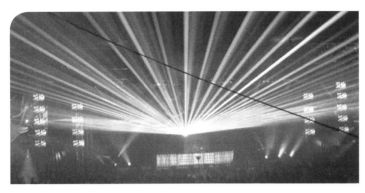

▲ 激光灯（1）

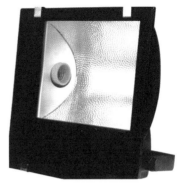

▲ 激光灯（2）

3. 帕灯

帕灯是一种将光源封装到反光杯中的灯光类型。维护时，要使用专业玻璃清洗液、酒精或化学液体进行清洗，每年至少清洁一次。

▲ 帕灯

▲ 反射镜面球

4. 反射镜面球

反射镜面球可以反射七彩的灯光，营造炫目的效果，可以使客人放松、舒展身心。这种灯光同样须定期擦拭。

活动二：

根据所学舞厅项目的服务内容，将以下情境中的对话补充完整并进行表演。

小余在A酒店康乐部的舞厅中实习，舞厅的主管让小余巡台，告诉他如果客人有需要就立刻上前提供服务。一天，小余在巡台的时候，一位坐在卡座的客人叫住了他。原来这个客人发现，靠近他们的灯光出了问题，照出来的光特别亮。

客人：服务员过来一下。

小余：先生，您好，请问有什么能够帮助您？

客人：你去看一下那个灯是不是有问题啊，怎么那么亮！

小余：好的，实在抱歉，请您稍等，我马上去看一下。

客人：等一下，我问问你哦，这种像碗一样的是什么灯？

小余: _____

客人: 哦! 是这样啊, 我知道了, 那你能介绍一下其他几种灯吗?

小余: _____

客人: 我知道了, 谢谢你。

小余: 这是我应该做的, 我马上去帮您调整灯光, 很高兴为您服务。

◎ **课外主题活动**

方先生和朋友入住A酒店, 他和朋友约定到酒店的舞厅去跳舞。方先生和朋友在舞厅跳完舞后, 准备找个地方休息一下。他们来到舞厅的吧台想要点杯饮料, 但是服务员一直忙着其他的事情, 并没有理会他们。于是, 方先生找到舞厅的主管进行投诉, 如果你是舞厅的主管, 你会怎么做?

答: _____

_____

_____

◎ **拓展阅读**

酒店舞厅实景欣赏

▲ 酒店舞厅

酒店格言

We are ladies and gentlemen serving ladies and gentlemen.
我们以绅士和淑女的态度为绅士和淑女提供服务。

模块

棋牌项目的相关知识及其服务

学习目标

1. 知识目标

    （1）了解棋牌类主要项目的发展过程。

    （2）熟悉棋牌项目的场地、用品等设施设备。

2. 技能目标

    （1）能够运用所学棋牌类主要项目的打法为客人提供服务。

    （2）能够为客人提供符合规范和标准的棋牌项目服务。

任务一   认识棋牌运动

一 棋牌类主要项目的发展过程

棋牌是棋类和牌类娱乐项目的总称，包括中国象棋、国际象棋、围棋、五子棋、跳棋、军棋、扑克、桥牌、麻将等。这里主要介绍其中的五种：

1. 中国象棋

早在战国时期就出现了"象棋"一词，《说苑·善说》中记载雍门子周以琴见孟尝君时说："燕则斗象棋而舞郑女。"

早期的象棋由棋、箸、局三种器具组成。两方行棋，每方六子，分别为：枭、卢、雉、犊、塞（二枚），棋子用象牙雕刻而成。箸，相当于骰子，在行棋之前先要投箸。局，是一种方形的棋盘。比赛时，投六箸，行六棋，斗巧斗智，相互进攻逼迫，置对方于死地。春秋战国时的兵制，以五人为伍，设伍长一人，共六人，由此可见，早期的象棋是象征当时战斗的一种游戏。

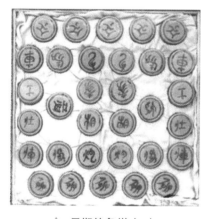

▲ 早期的象棋（1）

▲ 早期的象棋（2）

2. 国际象棋

据现有史料记载，国际象棋的发展历史已将近2000年。关于它的起源，有多种不同的说法，诸如起源于印度、阿拉伯国家、波斯、中国等。目前多数棋史学家认为国际象棋最早出现在印度。大约公元2~4世纪时，印度次大陆有一种叫作"恰图兰加"的棋戏，内有车、马、象、兵4种棋子，象征着印度古代的军制。但作为今日国际象棋前身的这种"四方棋"，当时是通过掷骰子的方法来进行的。游戏的目的在于吃掉对方全部棋子。"四方棋"在6世纪时由印度传入波斯，后由于语音误传，被阿拉伯人改称为"沙特兰兹"，之后这种棋就在中亚和阿拉伯国家广泛流传。

国际象棋大约在10世纪前后，经中亚和阿拉伯传到了欧洲的各个地区。15至16世纪，国际象棋已同今日的样式和棋制。

▲ 早期的国际象棋（1）

▲ 早期的国际象棋（2）

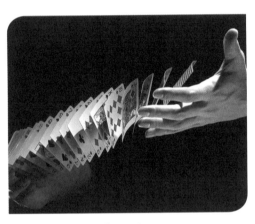

▲ 纸牌

3. 扑克

扑克俗称为纸牌。扑克的起源较早，有人认为起源于欧洲，也有人认为起源于中国，本书采用后者的说法。早在周朝，传说年幼的周成王在宫廷中与弟弟叔虞就曾玩过一种"削桐叶为圭"的游戏。那时尚未发明纸张，故将树叶作为玩具。唐、宋时期，中国的祖先发明了一种据说形状像叶子的纸牌，故称"叶子戏"。大约在公元13世纪，这种纸牌游戏传到了欧洲，经过一段时期的发展，纸牌演变为了卡片，逐渐形成了现在的扑克牌。

4. 桥牌

桥牌起源于英国，由17世纪的一种叫做"惠斯特"的纸牌玩法演化而来，由四个人分成两组来进行一种以技巧和运气赢取牌墩的纸牌游戏，俗称吃墩游戏。桥牌作为一种高雅、文明、竞技性很强的智力性游戏，以它特有的魅力而称雄于各类牌戏，风靡全球。

5. 麻将

麻将起源于中国，但关于麻将起源的说法有多种，其中最著名的起源说是郑和下西洋说。明朝郑和下西洋时，为了稳定军心，他发明了一种娱乐工具。郑和以纸牌、牙牌、牌九等为基础，用100多块小木片作牌子，以舰队编制，分别刻了1~9"条"，然后又以船上装淡水桶的数量，分别刻了1~9"桶"（筒），接着又根据风向，刻了"东西南北"四个风向，再以吸引人的金钱刻了1~9"万"，以"大中华耀兵异域"的口号刻了红色的"中"，随后根据一年四季刻了四块花牌，最后一块牌因为不知道刻什么好，就不刻任何东西，这个就是"白板"。之后，全船都开始玩此游戏，船上有一个姓麻的将军，他玩这个游戏得心应手，于是郑和给这个游戏命名"麻大将军牌"，即是后人的"麻将牌"。

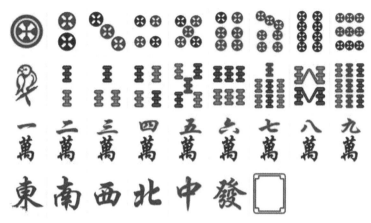

▲ 麻将牌

 棋牌室的环境设计与布局

对于棋牌室的环境设计与布局，可以从以下几个方面考虑：

1. 整体环境

棋牌活动都是以脑力劳动为主的，所以最好将棋牌室设立成单独的空间，防止客人之间的相互干扰。装修时要采用比较好的吸音和隔音材料。

2. 空间感受

棋牌游戏本身不需要很大的使用面积。为了使客人心情愉快，棋牌室的空间布局要从棋牌室的游戏、休息、衣物储存、餐饮品享用等功能的综合性方面考虑，去迎合客人的休闲、享受的消费心理。

3. 室内色调和谐性

在装修设计棋牌室时，要注意选择合适的环境色彩，要能安定客人的情绪，使其能够冷静思考。因此，棋牌室内的色彩搭配要能使客人感觉舒适、典雅、和谐，尽可能不使用强烈的对比色，也不要让色彩过于沉闷。

4. 环境的舒适性

棋牌室内的整体环境应温馨、和谐，室内照明效果应明亮、不刺眼，另外应有良好的通风装置，温度一般保持在 22~24℃。

▲ 棋牌室（1）

▲ 棋牌室（2）

三 棋牌项目的基本规则

棋牌项目的种类很多，这里介绍几种主要项目的基本规则。

1. 中国象棋

（1）对局时，由执红棋的一方先走，黑棋后走。双方轮流走一步，一次走一步棋，直至吃掉对方的帅（将）。

（2）棋盘：中国象棋的棋盘有九条平行的竖线和十条平行的横线相交而成，其中共有90个交叉点，棋子就摆在这些交叉点上。

（3）界河：这是一个与国际象棋不同的地方，即对垒双方的中间有一条河界，通常称其为楚河汉界，也就是说棋子过河才能攻打对方的首领。

（4）九宫：双方的底线中心处，也就是纵向中心线分别向两边外移一条线（第四条到第六条竖线）之间的正方形部位，以斜交叉线构成"米"字方格的地方，叫做"九宫"（它恰好有九个交叉点）。

（5）棋子分布：

红棋子：帅一个，车、马、炮（砲）、相、仕各两个，兵五个。

黑棋子：将一个，车、马、炮、象、士各两个，卒五个。

将（帅）：虽名称不同，但它们都是对垒双方的最高统帅，对垒的目的就是通过运用各自的棋子，想方设法将对方的首领将死，则为己方胜利。将（帅）只能在九宫内行走，不得走出九宫。行走的步法为：左、右横走，上、下竖走皆可，但每次只能行走一格。将和帅不准在同一直线上直接对脸（即帅将之间无其他棋子），如一方已先占据位置，另一方则必须回避，否则为输。

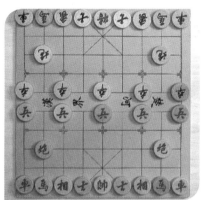

▲ 中国象棋的棋盘和棋子的摆法

士（仕）：每行一步棋，只许沿着"九宫"中的斜线行走一步，行走方位可进、可退，其最终目的是为了护卫各自的最高将领——将（帅）。

象（相）：此棋不能越过"河界"走入对方的领地，其走法为：只能斜走（两步），可以使用汉字中的"田"字形象地表述，即田字格的对角线，俗称"象（相）走田字"。行走方位可进、可退，但是当象（相)行走的路线中有棋子时（无论是己方或是对方的棋子），就不允许走过去。

车：此棋可以上、下直线行走（进、退），左、右横走（中间不隔棋子），且行棋步数不限。

炮（砲）：此棋的行棋规则和车类似，横平、竖直，只要前方没有棋子的地方都能行走。但是它的吃棋规则很特别,必须跳过一个棋子（无论是己方的还是对方的才能吃掉对方的一个棋子。

马：使用中国的"日"字来形容马的行走方式比较贴切，俗称"马走日字"（斜对角线）。行走规则也可以分解为：先一步直走（或一横），再一步斜走。如果在棋子要去的方向，第一步直行处（或者横行处）有别的棋子挡住，则不许走过去，俗称"蹩马腿"。行走范围不限，可以进，也可以退。

卒（兵）：在没有过界河前，此棋只许向前直走一步（不能后退）；过了河界之后，每行

注：关于象棋棋子上的文字，本书均使用简体字表示。

一步棋可以向前直走，或者横走（左、右）一步，但也是不能后退。根据此规则，卒（兵）走到对方的底线只能左右横走。

（6）吃棋子：

① 无论什么棋子，只要行棋规则规定能走到的位置有对方的棋子时，就能将其吃掉。

② 唯一例外的是炮（砲）的吃棋方式，它较为特殊，需要中间隔有棋子（无论是己方的还是对方的棋子）才能吃掉对方的棋子。

（7）将死和困毙：

① 一方的棋子攻击对方的将（帅），并在下一步要把它吃掉，称为照将，或简称将（照将不必声明）。

② 被照将的一方必须立即应将，即用自己的着法去化解被将的状态（不能应将不顾，而走其他的棋子）。

③ 如果被照将而无法应将，则算被将死（一方胜棋）。

④ 轮到走棋的一方无子可走，则算被困毙（无棋可走这方为输棋）。

2. 国际象棋

（1）对局时，规定白棋先走，黑棋后走，双方轮流走棋，一次走一步棋，直至吃掉对方的最高统帅"王"为胜。

（2）棋子分布（对垒双方各有的数量）：王1个、后1个、车2个、象2个、马2个、兵8个。白后摆在白格里，黑后摆在黑格里。从左下角开

▲ 国际象棋的摆法

始是车、马、象、后、王、象、马、车，前面一排全是兵。

兵：只能向前直走（不能后退，与中国象棋的"兵"类似），每次行棋只能走一格。但在走第一步时（初始位置），可以选择走一格或两格。兵的吃子方法与行棋方向不一样，它是直走斜吃，即如果兵的前斜进一格内有对方棋子，就可以吃掉它，从而占据该格位置。

① 兵的升变：当某方的兵走到对方的底线（即最远离某方的一行）时，玩家可选择把该兵升级为车、马、象或后，但不能变王，也不能不升变。

② 吃过路兵：当一方的兵从初始位置向前一步走两格时，如果所到格的同一横线的相邻格有对方的兵时，则后者可以立即吃掉相邻的前者，但吃掉之后是占据原来位置的斜前方那一格，而不是前者原来占据的那格。不过可"吃过路兵"的一方必须在对方走棋后的下一步马上吃，否则就永远失去"吃过路兵"的机会。

马：每行一步棋，先横走或直走一格，然后再往外斜走一格；或者先斜走一格，最后再往外横走或竖走一格（即走"日"字，也与中国象棋的"马"类似），可以越子行走。

象：只能斜走，格数不限，但是不能越子行棋。开局时每方各有两个象，一个占白格，一个占黑格。（与中国象棋的"象"相比，走法类似，无不能过河的概念，全盘皆能走）

车：横、竖都可以走，步数不受限制，不能斜走（与中国象棋的"车"类似），除"王车易位"外不能越子。

王车易位是国际象棋中的一种特别的走法。在每一局棋中，双方各有一次机会可以同时移动自己的王和一个车，作为王执行的一步棋，叫做王车易位。使用王车易位的前提：①王未被移动过；②参与易位的车未被移动过。如果发生以下情况之一，则暂时不能王车易位：①当

王被将军时；②王和参与易位的车之间有棋子；③王所在的格，或易位时王将要经过的格，或易位后王将占据的格，正在受到对方的一个或几个棋子的进攻。

后：横、直、斜都可以走，步数不受限制，但是不能越子行棋。

王：横、直、斜都可以走，但每次限走一步。不过王是不可以送吃的，即任何被敌方控制的格子，己方王都不能走进去，否则算"送王"，是犯规的。（发生三次这种情况就要判负）

（3）吃棋子：与中国象棋的规则类似，凡是行棋能走到的地方，而这个格子上有对方的棋子，就能吃掉对方的棋子。

3. 桥牌

四人打桥牌，两两对阵，分别坐在东、南、西、北的位置上。坐南、北的两人为一方，称南北方；坐东西的两人为一方，称东西方。

桥牌所使用的牌是普通扑克牌去掉大小王后剩下的52张牌，共分梅花、方块、红桃、黑桃四种花色。

四种花色有高低之分，按照各自英文开头字母的顺序排列而成，即梅花（Clubs）为C，方块（Diamonds）为D，红桃（Hearts）为H，黑桃（Spades）为S。其中，梅花和方块为低级花色（Minor suit），每墩20分；红桃和黑桃为高级花色（Major suit），每墩30分。每一种花色有13张牌，顺序如下：A（最大）、K、Q、J、10、9、8、7、6、5、4、3、2（最小）。具体规则如下：

（1）52张牌平均分配，每人13张。

（2）打牌时，一方出牌，另外三方跟着出一张，牌放在胜者这里，称为一墩。

（3）阶数（数字 +花色）+6＝定约方要赢取的墩数。例如：4S就是定约方以S为将牌，赢得10墩牌，3NT就是定约双方无将牌赢得9墩牌。

（4）如果没有达到足够的墩数，则称为宕了，会被罚分，离定约差几墩就称为宕几。比如，南北方做5NT定约，最后拿了8墩牌，则称为宕3（5+6-8）。

4. 麻将

（1）洗牌：把牌全部反扣过来，使牌面朝下。玩家双手搓动牌，使牌均匀而无序地运动，称为"洗牌"。

（2）码牌：洗牌之后，每人码36张牌，两张牌上下摆在一起为一墩，各自为18墩，并码成牌墙摆在自己门前，四人牌墙左右相接成正方形。

（3）开牌：国标麻将中，庄家掷骰，三颗骰子的总和所得的点数就是开牌的基数。以庄家为第一位，按逆时针方向顺序点数，数到点数的位置为开牌的牌墙。从右向左依次数到与点数相同的那一墩，由庄家开始抓下两墩牌，下一家再按顺时针方向顺序抓牌，直到每个人抓完3次（共12张牌），再由庄家跳牌（隔一墩）抓上层两牌，其他人依次各抓一张。庄家共有14张牌，其他人各有13张牌。

（4）理牌、审牌、补花：分类整理手中的牌，整齐排列，审视牌势。如手中有花牌，首先由庄家补花，即是从牌墙的尾端取一张牌。另外三家依次逐一补花，若补回来的是花牌，则待该轮完结后再补。

（5）行牌：指打牌的过程，此过程包括抓牌、出牌、吃牌、碰牌、开杠（明杠、暗杠）、补牌，直至和牌或荒牌。

活动一：

根据所学的相关知识，进行一场紧张而又有趣的棋牌游戏竞赛。

第一步：选择一种你最感兴趣的棋牌游戏，如：中国象棋、围棋、国际象棋、五子棋、跳棋、军棋、桥牌、扑克等。

第二步：运用网络搜索引擎，搜索关于你最感兴趣的那一种棋牌游戏的游戏规则和计分方式。

第三步：在教室里和同学进行一场棋牌游戏竞赛。

任务二 学习如何进行棋牌项目服务

棋牌项目的礼仪

1. 玩家礼仪

（1）在下棋或打牌时，应遵守规则。

（2）如发现其他玩家下错棋或出错牌时，应礼貌地向其指出。

（3）文明娱乐，不要大声喧哗。

（4）尊重参与游戏者，有事离开时，应征询其他玩家的同意。

2. 观众礼仪

（1）在观看他人打牌或下棋时，不可参与牌局或棋局，要做到观棋不语。

（2）不可发出过大声音干扰游戏者。

（3）不要和其他观众讨论游戏者的技术。

棋牌室服务的流程和标准

1. 准备工作

（1）打卡签到，换好工作服，佩戴名牌，整理好仪容仪表，参加班前会议，了解自身任务。

（2）做好棋牌室区域的环境卫生工作。

（3）检查各种设施设备是否整洁完好。

（4）准备客人所需要的棋牌、面巾和饮料等物品。

2. 迎接工作

（1）迎接客人时应面带微笑，主动问好。

（2）询问客人有无提前预约，向客人介绍各项服务的收费标准，收取押金并为客人安排棋牌桌。

（3）如果客人没有预约，且在客满的情况下，应礼貌地让客人等候并提供茶水服务。

3. 棋牌室服务

（1）为客人准备好面巾和饮料，在客人休息期间为其提供服务。

（2）耐心地为客人讲解该棋牌项目的规则。

（3）必要时可陪同客人进行棋牌游戏，应根据客人情况，适当控制输赢尺度，以提高客人的活动兴趣。

（4）密切注意客人的动态，及时为客人添补茶水。服务人员不可介入客人谈话，不可评论客人。

4. 结账及送客服务

（1）按照规定为客人迅速办理结账手续。

（2）客人离开时，要主动提醒客人不要遗漏随身物品。

（3）检查有无客人的遗留物品，检查各类用具有无损坏。

（4）整理好设施设备，清洁棋牌室的桌椅、垃圾桶等物件。

（5）在棋牌室营业结束后，按照规定做好交接工作。

 案 例

没有坏的空调

一天，客人刘先生正在A酒店的棋牌室进行娱乐活动，由于当时正值夏天，天气燥热，可棋牌室内的空调好像坏了，没有制冷。于是刘先生向服务员小周说明了这一情况，小周得知后，立马向刘先生表示歉意并到房间检查，查看设备是否出了问题。但经小周查看发现，空调设备是正常的，小周马上想到可能是刘先生未能掌握设备的正常使用方法而导致的。小周并没有指出客人刘先生的错误，而是向他解释道："刘先生很抱歉，刚刚可能是因设备调试而出了一点小问题，现在我已经帮您调试好了。"说完，小周还为刘先生介绍了空调开关、温度调整等方法。

 三 棋牌服务的小技能

棋牌的保养方法

1. 中国象棋的保养方法

（1）木制象棋不要在太阳下暴晒，这样象棋容易干裂。

（2）应将象棋放在通风干燥的地方，这样可以防潮。

（3）可以在木质象棋上涂一层保护蜡。

（4）木制象棋要打磨时，应将砂纸包裹在要打磨的部分，横跨在其表面，拉住两头来回磨擦。

▲ **木制象棋的保养**

2. 围棋棋子的保养方法

（1）切勿用水长时间浸泡棋子；不能将棋子在阳光下暴晒。

（2）白子不需要擦油，黑子可涂上橄榄油以达到美观效果。上油的正确方法是，将橄榄油倒在一块白布上，用棋子去磨蹭。

（3）棋子经常使用时，色泽晶莹柔和、手感好。不使用时，可置于通风干燥处保存。

▲ 围棋的保养　　　　　　　　　　　　　　　▲ 麻将机的保养

3. 麻将机的日常保养方法

（1）麻将桌不可长时间遭受日光照射、湿气浸蚀。

（2）机械滑动部分及齿轮咬合部分须加润滑油保养，如：双滑杆、平推滑杆、升降杆等处。

（3）过牌通道部分可以用喷蜡擦洗。

（4）机器的各光电开关可以用小毛刷进行清扫，防止因集尘造成灵敏度降低。

（5）洗牌圈内臂可用汽油进行擦洗，如潮湿可用吹风机吹干。

（6）机体内部须用吸尘器清洁。

桥牌的发牌方法

首先，将一副牌（由 52张牌组成）放在桌子上，散开扣在桌面上，由在场的四个人随意从中抽取一张牌。抽得牌最大的一人坐在北面，同时也成为第一副牌的发牌方。52张牌平均分配，每人 13张。

▲ 桥牌的发牌方法

活动二：

根据所学棋牌项目的服务内容，将以下情境中的对话补充完整并进行表演。

小杜在A酒店的棋牌室实习。一天，小杜在棋牌室内巡视，一位客人叫住了他，客人对他说，自己和朋友想要玩桥牌，但是其他几人都不会打，他自己试图教但教不好，所以希望小杜能够教他们。

客人A：服务员，过来一下。

小杜：您好，先生。请问有什么能帮助您的吗？

客人A：我找朋友一起打桥牌，但是他们不会，我也教不好，你能帮我教一下他们吗？

小杜：_____

_____

_____

_____

客人B：那么复杂呀，那你能告诉我桥牌的排序吗？

小杜：_____

_____

_____

_____

客人B：原来桥牌这么深奥啊，我得好好学学了，谢谢你！

小杜：这是我应该做的，很高兴为您服务！

◎ 课外主题活动

孙先生和朋友入住了A酒店。他和朋友来到棋牌室想玩麻将，但是他们只有两个人，无法进行麻将游戏，于是他们求助棋牌室的主管。如果你是主管，你会怎么做？

答：_____

_____

_____

_____

拓展阅读

酒店棋牌室实景欣赏

▲ 杭州湾海景大酒店棋牌室　　　　　　　　▲ 深圳黄悦酒店棋牌室

棋牌项目的相关组织

1. 中国桥牌协会

中国桥牌协会（CCBA）成立于1980年6月，总部现设于北京。该协会是中华全国体育总会下辖的单项运动协会之一，是中国桥牌运动的全国性群众组织。1981年，世界桥牌联合会正式接纳中国桥牌协会为其会员。

2. 中国国际象棋协会

中国国际象棋协会成立于 1986年。它是推动国际象棋运动发展、促进技术水平提高的全国性体育社会团体，也是代表中国加入国际棋联的唯一合法组织。国家体育总局棋牌运动管理中心是中国国际象棋协会的业务主管单位。

酒店名言

Do you smile today?
今天你微笑了吗？

模块

电玩游戏厅项目的相关知识及其服务

1. **知识目标**

　　（1）了解电子游戏机的发展过程。

　　（2）熟悉电玩游戏厅项目的主要游戏设备。

2. **技能目标**

　　（1）能够正确地向客人讲解游艺设备的玩法或为其演示。

　　（2）能够为客人提供符合规范和标准的电玩游艺厅项目服务。

　　（3）能够运用所学的游艺设备的维护方法对游艺设备进行简单维护。

任务一 认识电玩游戏

 电玩游戏机的发展过程

游戏机最早出现在西方国家。早期的游戏机被称为电动游戏机，是由游戏者操纵电动开关控制电动机等部件运行的游戏机。随着电子科技的迅速发展，游戏机的类型越来越多，目前主流的是电子游戏机。近几年，虚拟现实电子游戏机发展迅速。

20世纪80年代初，中国第一台电子游戏机在桂林诞生。几年后，电子游戏机迅速发展，电子游戏厅也遍布全国。当时游戏机的内容主要有：驾驶类、炮战类、火箭袭击类、趣怪类等。这些游戏都具有紧张激烈的对抗竞技特点，受到了少年儿童的青睐。

▲ 电子游戏机

 游戏厅中的主要游戏设备

1. 赛车类游戏机

赛车类游戏机可以让操作者体验赛车时真实的速度与激情，而且能锻炼人的眼、脑、手、脚的反应和协调能力。

▲ 赛车类游戏机

▲ 摩托车游戏机

2. 摩托车游戏机

摩托车游戏机是一种放在公共娱乐场所的经营性的模拟机，其特点和赛车游戏机一样，都是模拟真实公共交通工具而制造的模拟机。它可以有双人连线竞技模式。

3. 射击类游戏机

射击类游戏机可以让操作者体验射击的刺激感。通常，游戏机会配有模拟电子枪，操作者手持模拟枪在游戏创设的情境中体验射击的乐趣。

▲ 射击类游戏机

▲ 动作解谜类游戏机

4. 动作解谜类游戏机

动作解谜类游戏机可以让操作者体验通过各种线索破解谜题，以及运用各种动作技能消灭敌人的成就感，它可以锻炼人的思维能力和反应能力。

5. 娃娃机

娃娃机又称选物贩卖机，是一种源于日本的电子游戏机。它是指将商品陈列在一个透明的箱内，其上有一个可控制抓取物品的机器手臂，操作者要凭自己的技术操控手臂，以取得自己想要的物品。因最早大多放置毛绒玩具，故称娃娃机。现在的商家还推出夹手表、钥匙圈等物品的机器，不过因为原理相同，所以还是有很多人会称其为娃娃机。

▲ 娃娃机

▲ 跳舞机

6. 跳舞机

跳舞机是一种音乐节奏型的游戏机，与传统的电子游戏机的最大差别在于：传统的电玩使用遥控杆加按键或四键手柄，而跳舞机是通过玩家的双脚与肢体配合来完成游戏动作的。

7. 篮球机

篮球机又称投篮机或街头篮球机，是把篮球运动中的投篮动作独立出来，从而设计成一款专门投篮的游戏机。当操作者投币启动游戏机后，操作者前面就会出现篮球供其投篮。操作者在规定时间内投篮，计时结束后累计投中篮筐的次数就是投篮游戏的成绩。

篮球机

活动一：

根据所学的关于电玩游戏厅项目的相关知识，在课堂上举行一场辩论赛。

第一步：确认观点——你是否支持打电动游戏？

第二步：在确定观点后，通过网络搜索引擎或其他途径寻找论据，以证明你的观点。

第三步：在教室里寻找与你观点相同的伙伴，并组成一个小组。

第四步：在课堂上进行一场辩论赛。

任务二 学习如何进行电玩游戏服务

 一 电玩游戏厅的礼仪

1. 玩家礼仪

（1）不要说粗话脏话，以良好的心态进行游戏。

（2）与他人游戏时，应尊重对手。如获得胜利，不可侮辱对手。

（3）如遇他人在玩，应有秩序地排队等候。

（4）如果正在与他人进行联机比赛，不能中途退出。

（5）不能敲打、摇晃、破坏游戏设备。

（6）邀请他人游戏时，应礼貌相邀。

2. 观众礼仪

（1）观看游戏时，不可干扰玩家。

（2）在他人游戏获胜时，应表示赞赏。

电玩游戏厅的服务流程和标准

1. 准备工作

（1）打卡签到，换好工作服，佩戴名牌，整理好仪容仪表，参加班前会议，了解自身任务。

（2）打扫电玩游戏厅，保持环境整洁。

（3）检查各类电子游戏设备是否运行正常。

（4）准备好电玩游戏厅所需要的游戏币、纪念品、食物饮料等物品。

2. 迎接工作

（1）迎接客人时应面带微笑，主动问好。

（2）将客人引路至办理登记手续的工作台，并为其兑换游戏币。

（3）引导客人至其想要玩的电子游戏机处。

3. 电玩游戏厅服务

（1）在客人游戏间隙为其备好饮料和食物。巡视各类游戏设备，如发现故障应及时上报维修。

（2）如果客人不会使用游戏设备，应耐心地为客人讲解，必要时为客人做示范。

（3）客人游戏获胜时，应表示赞赏。

4. 结账及送客服务

（1）检查电子游戏设备有无损坏。

（2）为客人计算游戏币并为其兑换奖品。

（3）客人离开时，要主动提醒客人不要遗忘随身物品。

（4）向客人礼貌道别，并欢迎客人下次光临。

（5）在电玩游戏厅营业结束后，按照规定做好交接工作。

抓不到的娃娃

一天，李小姐来到了A酒店的电动游戏厅，她兴致勃勃地来到娃娃机前，一眼就看中了坐在角落里的一只娃娃，于是便开始玩起了娃娃机。可是，李小姐无论怎么抓就是抓不起那只娃娃。半天下来，她的游戏币全部投进了娃娃机中，但那只娃娃还是抓不起来。李小姐有些着急，也有些生气，便找来服务员小王质问："你们这台机器是不是坏了啊！为什么别人用旁边那台机器就可以轻轻松松地抓到娃娃，我把所有的游戏币都放进去了，怎么就抓不到一只呢？"服务员小王笑着对李小姐说："您别生气，抓娃娃是有技巧的，我刚看您一直在抓角落里的娃娃，而且对准的位置也不太合适，这样不容易抓起来，您可以尝试抓出口挡板附近的娃娃，或者将机器里的夹子夹住娃娃的某一部分，那会更容易抓到。"李小姐听了小王的话后，换了挡板附近的娃娃抓，并按照他的方法试了几次，果真抓到了娃娃。

三 电玩游戏厅的服务小技能

游艺设备的日常维护和保养方法

1. 室温

电子游戏厅室温应设为恒温，夏季在28～32℃为宜，冬季在25～28℃为宜。这样的温度能保证场地湿度适宜，且可以节约能源。

▲ 室温适宜

▲ 保持清洁

2. 粉尘

粉尘是指悬浮在空气中的固体微粒。粉尘堆积过多会导致电器受潮、电路短路。因此电动游戏厅应禁止吸烟并保持场地出入口清洁、干燥和通风。

3. 电源电压

电子器件的电源电压变化过大会造成机器不工作、指令错误和死机等故障，严重时有可能烧坏电源、主板、LED、PC等。因此应该仔细检查机器的电源电压，每台机器的输入电源电压一般在220 V左右。

4. 水、火源

水、火源接触或进入机器设备，可能导致机器发生严重故障，甚至发生事故，因此必须注意饮料、矿泉水等液体。此外，还应禁止在游戏厅内吸烟。

▲ 注意火源

▲ 游戏币

5. 游戏币

如果游戏币严重破损或变形，将会导致投币口不工作或将其视同假币，严重时将导致机器死机，因此应该定期清洗和筛选游戏币。

活动二：

根据所学电玩游戏厅项目的服务内容，将以下情境中的对话补充完整并进行表演。

小李在A酒店电玩游戏厅实习，电玩游戏厅的主管让小李跟着老员工老张进行电玩游戏机的维护工作。这天，小李发现有一台游戏机发生了故障。于是，小李便将这一情况告诉了老张。

小李：张师傅，那台游戏机好像出故障了，能请您过去看看吗？

老张：好的，我去看看。这边粉尘堆积得太多了，这台机器应该是短路了。

小李：啊！那有什么办法吗？

老张：快把这边的粉尘清理一下，再向领班报告，让专业人员来进行维修。

小李：张师傅，那应该怎样防止粉尘呢？

老张：_____

_____

小李：我知道了，我以后一定会注意的！

 课外主题活动

何先生入住了A酒店，他来到了游戏厅，选择了一台鬼武者（动作解谜类）游戏机玩，但是玩了不久，游戏机便出现了漏电的情况。何先生的手被电了一下，虽然不是很严重，但是他觉得很生气，于是便向电玩游戏厅的主管投诉。如果你是主管，你会怎么做？

答：_____

_____

拓展阅读

酒店电玩游戏厅实景欣赏

榆林容大国际酒店电玩游戏厅

酒店名言

Warning, customers are perishable.
注意，客人极易消失。

模块 五

酒吧项目的相关知识及其服务

学习目标

1. 知识目标
   (1) 了解酒吧的发展过程。
   (2) 熟悉酒吧项目的设备设施。

2. 技能目标
   (1) 能够运用所学到的酒吧的相关知识为客人作介绍。
   (2) 能够为客人提供符合规范和标准的酒吧服务。
   (3) 能够运用学到的鸡尾酒调制方法为客人调制鸡尾酒。

任务一　认识酒吧

酒吧的发展过程

　　在早期的美国西部，酒馆老板会在馆子门前设一根横木，这是用来给牛仔和强盗拴马的。后来，汽车取代了马车，骑马的人逐渐减少，这些横木也多被拆除。有一位酒馆老板不愿意扔掉这根已成为酒馆象征的横木，便把它拆下来放在柜台下面，没想到却成了客人们垫脚的好地方，受到了顾客的喜爱。由于横木在英语里念"bar"，所以人们索性就把酒馆翻译成了"酒吧"。

　　酒吧供应各种酒类、饮料，是人们交友、聚会、放松的营业场所。酒吧进入我国后，得到了迅猛的发展。

▲ 酒吧（1）

▲ 酒吧（2）

酒吧中的设备设施

1. 卡座
卡座类似于包厢，一般分布在大厅的两侧，成半包围结构。卡座里面设有沙发和台几，是给人数较多的客人群准备的，一般设有最低消费。

2. 散台
散台一般分布在整个大厅中比较偏僻的角落或者舞池周围，一般能容纳2~5位客人。

3. 高台
高台分布在吧台的前面或者四周，一般是给单独来店的客人准备的。

4. 壁墙
壁墙主要由BSV液晶拼接屏、液晶电视、壁画组成，可以供客人观赏。

5. 调酒区
调酒区可以给客人提供各类酒水饮料，还可以为客人调制各种鸡尾酒或表演花式调酒。

酒吧的分类

1. 主酒吧

主酒吧大多装饰美观、典雅、别致，具有浓厚的欧洲或美洲风格。吧内视听设备比较完善，并备有足够的靠柜吧凳，酒水、载杯及调酒器具等种类齐全，摆设得体，特点突出。主酒吧的另一特色是一般会有各具风格的乐队表演或游戏场地（如：飞镖游戏等）。来此消费的客人大多是来享受音乐、美酒以及无拘无束的人际交流所带来的乐趣的，因此，要求调酒师具备较高的业务技术和文化素养。

▲ 主酒吧　　　　　　　　　　　　　　▲ 酒廊

▲ 服务酒吧

2. 酒廊

这种酒吧形式在饭店大堂和歌舞厅最为多见，装饰上一般没有什么突出的特点，以经营饮料为主，另外还提供一些点心和小吃。

3. 服务酒吧

服务酒吧是一种设置在餐厅中的酒吧，服务对象也以用餐客人为主。中餐厅服务酒吧较为简单，酒水种类也以国产为多。西餐厅服务酒吧较为复杂，吧内除了要具备种类齐全的洋酒之外，调酒师还须具有全面的酒水保管和服务知识。

4. 宴会酒吧

这一类酒吧是根据宴会标准、形式、人数、厅堂布局及客人要求而摆设的酒吧，其临时性、机动性较强。

5. 外卖酒吧

外卖酒吧是根据客人要求在某一地点（如：大使馆、公寓、风景区等）临时设置的酒吧。

6. 多功能酒吧

多功能酒吧大多设于综合娱乐场所，它不仅能为午、晚餐的用餐客人提供用餐酒水服务，还能为赏乐、蹦迪（Disco）、练歌（卡拉OK）、健身等不同需要的客人提供种类齐备、风格迥异的酒水服务。这一类酒吧综合了主酒吧、酒廊、服务酒吧的基本特点和服务职能。

7. 主题酒吧

现在比较流行的"氧吧酒吧""网吧酒吧"等在一定意义上也可称为主题酒吧。这类酒吧的明显特点为主题突出，来此消费的客人大部分也是来享受酒吧提供的特色服务的，因此酒水往往排在次要的位置。

▲ 主题酒吧

活动一：

在酒吧，酒的种类有很多。作为酒吧的服务人员，需要对各种酒有一定的了解。通过各种渠道收集酒的资料，选择其中一种酒向同学介绍。

第一步：以3～4人为一组，选择一种酒并通过网络、图书等渠道收集相关资料。比如：鸡尾酒、波特酒、金酒、兰姆酒、伏特加酒、威士忌、葡萄酒、白兰地等。

第二步：以小组为单位，将收集到的资料做成PPT或海报等形式。

第三步：在课堂上向同学介绍。

任务二　学习如何进行酒吧服务

 酒吧的礼仪

（1）若向酒吧里的歌手点歌，应该叫来服务员，让他转告歌手。如要给歌手小费，也不可直截了当（把钱塞给歌手或扔到台上都是不礼貌的），应该把钱夹在纸里，最好藏在一束鲜花中送到歌手面前。

（2）酒吧一般都设有卡拉OK演唱装置，客人可以自愿地唱自己喜欢的曲目，但不可乱唱。另外，不可随意打扰正在唱歌的他人，待他人唱完后，应该报以掌声。

（3）由于酒吧的特定氛围，应特别强调与异性交往的礼节，注意举止端庄大方，言语彬彬有礼。

 酒吧的服务流程和标准

1.准备工作

（1）打卡签到，换好工作服，佩戴名牌，整理好仪容仪表，参加班前会议，了解自身任务。

（2）做好工作台、地面、吧台、雪柜、酒架、洗手盆等设施的清洁工作。

（3）检查设备并保证各种设备状态良好。

2. 迎接工作

（1）迎接客人时应面带微笑，主动问好。

（2）询问客人数，如客人是独自前来，服务人员可领其至吧台前的吧椅就座，如遇两位或两位以上的客人，可领其到小圆桌就座并协助拉椅（遵照女士优先的原则）。

3. 酒吧服务

（1）向客人递送酒水单并介绍其中的内容。

（2）服务人员应用托盘将调制好的饮品从客人的右侧送上。

（3）送酒时，服务人员应先放好杯垫，再为客人提供他所点的酒并递上餐巾。

（4）在送酒服务过程中，服务人员应注意轻拿轻放，手指不要触及杯口。

（5）服务人员要巡视自己负责的区域，及时撤走桌上的空杯、空瓶，并按规定要求撤换烟灰缸。

4. 结账及送客服务

（1）按照规定为客人迅速办理结账手续。

（2）客人离开时，要主动提醒客人不要遗忘随身物品。

（3）检查有无客人遗留的物品。

（4）向客人礼貌道别，并欢迎客人再次光临。

（5）清洁并整理桌椅、垃圾桶等物品。

（6）在酒吧营业结束后，按照规定做好交接工作。

果 盘

一位正在A酒店酒吧包房消费的熟客王先生在外打电话的时候，偶遇了酒吧的经理。经理在与王先生打了招呼后，问他对本酒吧的服务是否满意，王先生直率地表示服务人员都很友好，只是对果盘不太满意，觉得现在果盘的数量没有原来多，品种也减少了。10分钟以后，经理端来了一盘新鲜且制作精美的果盘，请王先生和朋友们免费品尝。王先生见到经理的举动后十分惊喜，他没有想到自己随便说说，酒吧却如此重视。王先生真诚地说："这件小事充分体现出酒吧员工的素质以及对客人负责的态度，我以后还要经常来这里！"

 酒吧服务的小技能

鸡尾酒的调制方法

（1）曼哈顿。 曼哈顿（甜）是由安格斯特拉苦酒 1甩，甜味美思15毫米，美国黑麦威士忌 400毫米，采用调和法制成的。

（2）甜马天尼。甜马天尼是由金酒1盎司，甜味美思2/3盎司，采用调和法制成的。

（3）秀兰·邓波儿。秀兰·邓波儿是由红石榴糖浆20毫升、适量的冰镇干姜味汽水，采用兑和法调制而成的。

（4）金汤力。金汤力是由金酒1盎司、汤力水适量，采用直调法制成的。

（5）代其利。代其利是由糖浆8吧匙、柠檬汁0.5盎司、淡质朗姆酒1.5盎司，使用摇和法调制而成的。

（6）红粉佳人。红粉佳人是使用2/3盎司的金酒为主酒，加入0.5盎司的柠檬汁、1吧匙的红石榴糖浆和1个鸡蛋清，采用摇和法制成的。

（7）玛格丽特。玛格丽特是由特基拉酒1盎司、鲜柠檬汁1盎司、君度利口酒25盎司，采用摇和法调制而成的。

（8）爱尔兰咖啡。爱尔兰咖啡是由爱尔兰威士忌1盎司、棕糖1茶匙、适量的热咖啡、适量的鲜奶油，使用兑和法调制而成的。

▲ 创意马天尼

▲ 火焰鸡尾酒

活动二：

根据所学的酒吧调酒知识，将以下情境中的对话补充完整并进行表演。

小杨到A酒店的酒吧实习，主管安排他给调酒师王师傅当学徒。这时，一位客人点了一杯红粉佳人，小杨看到调酒师调酒，心想自己在学校虽然也学过调酒，但是毕竟没有真正实战过。于是，小杨抱着学习的心态向王师傅请教。

小杨：王师傅，请问我可以看一下您是怎么调酒的吗？

王师傅：当然可以，正好你可以在旁边学习一下。

小杨：谢谢！请问您，这杯红粉佳人是怎么配制而成的？

王师傅：_____

_____

小杨：原来有那么多原料啊！那这杯红粉佳人是属于什么类型的酒呢？

王师傅：_____

小杨：这样啊。我知道了，谢谢您！

王师傅：没事儿，你还年轻，可以慢慢学嘛！

◎ 课外主题活动

　　朱先生入住了A酒店，他来到酒店的酒吧想喝点酒，放松一下。朱先生来到调酒的吧台，他看到有他最喜欢喝的一款叫玛格丽特的鸡尾酒，于是便点了一杯品尝。但是，朱先生尝了一下便发现，这里调制的玛格丽特和他在其他地方喝到的味道不一样。朱先生向调酒师反映了这个问题，调酒师却坚持是朱先生之前喝的玛格丽特味道不对，自己调制的才是正确的。朱先生觉得很生气，自己已经在很多地方喝过这种酒，味道都没什么差别，怎么能说是自己之前喝的味道不对呢？于是朱先生就向酒吧的主管进行投诉。如果你是酒吧的主管，你会怎么做？

答：_____

_____

_____

◎ 拓展阅读

酒店酒吧实景欣赏

▲ 彭斯兰丁凯悦酒店酒吧

▲ 上海外滩毕尔道夫酒店酒吧

酒店名言

Each day I either get better or worse. The choice is mine.
每天我会变好也会变坏，这完全取决于我自己。

项目四

学习
保健养生类康乐服务项目

模块 一

SPA 项目的相关知识及其服务

学习目标

1. 知识目标

(1)了解 SPA 的发展过程。

(2)熟悉 SPA 项目的场地、用品等设施设备。

(3)了解 SPA 的作用和功效。

2. 技能目标

(1)能够运用学到的 SPA 相关知识为客人作介绍。

(2)能够为客人提供符合规范和标准的 SPA 服务。

(3)能够运用所学到的各类精油知识为客人提供服务。

任务一 认识 SPA

一 SPA的发展过程

SPA是指利用水资源，结合沐浴、按摩、涂抹精油等方式来促进人体新陈代谢的一种保健形式。SPA的名字来源于15世纪中叶比利时列日市旁边的一座叫做Spau的小山谷，这个山谷的矿物质非常丰富，并且位于热温区，附近的居民经常来此泡温泉。久而久之，他们发现通过泡温泉可以缓解身体上的一些疼痛，由此，当地的温泉浴远近闻名。SPA在18世纪后，风行于欧洲的贵族间，变成了贵族们休闲度假、强身健体的第一选择。在此之后，世界各地都开始风行 SPA的温泉疗养。

随着时代的不断发展，SPA也被人们赋予更多的内涵。现今，SPA不再专属于贵族们，逐渐成为都市人回归自然、消除身心疲惫的方式。现在的SPA除了温泉疗养外，还有许多别的方式，比如美容、舒缓按摩等。

▲ 早期的SPA（1）

▲ 早期的SPA（2）

二 SPA的设施设备

1. 晶体石膏灯

晶体石膏灯是由膏矿和电源两部分组成的特殊灯具，特有的天然暖色调可以舒缓人的压力，营造舒适的空间环境。所释放的负离子能够有效净化空气，让客人感到平静、放松。

2. AQ空气净化喷雾

AQ空气净化喷雾具有杀菌、消毒、除臭、分解甲醛等作用，且对人体无害，是天然的杀菌产品。

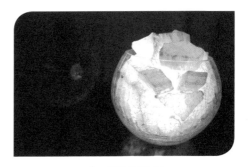

▲ 晶体石膏灯

▲ 身体乳

▲ 香薰

▲ 浴盐

▲ 浴袍

3. 身体乳

身体乳具有补水、美白、滋润等功效，并可细分为柔滑、防晒、瘦身、修复保养、香体等多重功效。

4. 香薰

香薰备受女性的青睐，它能舒心养颜、放松减压。人们通过按摩、吸入、热敷、浸泡、蒸薰等方式，使芳香精油快速融入人体血液及淋巴液中，以加速体内的新陈代谢，促进活细胞再生，增强身体免疫力。

5. 浴盐

浴盐由草药、天然海盐、植物精油和矿物质等成分组成。浴盐的主要功效有控制油脂、去除青春痘痕迹、去除皮肤黑斑、防止头皮屑、祛除腋下异味等。

6. 浴袍

在高星级酒店的SPA馆内，都会备有浴袍。浴袍宽大而舒适，质地包括棉布、珊瑚绒、毛圈、华夫格、竹纤维等。

三 SPA的种类

根据SPA不同的用途来分，可分为以下几类：

1. 都会型

都会型SPA一般位于购物中心，是为缓解都市人紧张的生活而设立的。都会型SPA能够为现代女性提供美容、化妆、养生等服务，其最重要的作用是让人解除疲劳、放松身心。

2. 美容型

美容型SPA的服务对象以女性为主，主要为女性提供调理肌肤、塑身等服务。在我国，大部分的美容型SPA都是由美容沙龙转型而成的。

3. 酒店（度假村）型

酒店（度假村型）SPA结合了酒店、度假村一流的硬件设施和高品质的服务，多是以商务洽谈、休闲旅游的人士为主，其目的是为客人彻底解除疲惫，这一类SPA的持续时间通常都是比较长的。

4. 温泉型

温泉SPA位于有温泉的地方，是以泡温泉的方式来放松身心的。

▲ SPA服务

SPA的主要作用和功效

1. 美容美体

通过SPA可以使纯天然矿物质、微量元素、精油成分随着毛孔进入皮肤,同时能刺激血液循环与淋巴循环等,从而起到美容美体的效果。

2. 舒缓压力

SPA水疗除了能够美容美体之外,还能够放松人的心情,舒缓压力。

3. 加快新陈代谢

通过SPA水疗,可以加快人体的新陈代谢功能。比如,用热水可以使人体内的汗液大量排出,在这些汗液中,夹杂着人体的代谢产物及毒素。

4. 减肥瘦身

减肥瘦身的根本之道是运动和食用低热量食物,但通过水疗配合海藻,也能在减肥瘦身方面起一定的功效。

活动一:

根据所学到的 SPA水疗的相关知识,谈谈你对 SPA水疗的了解。

第一步: 认真思考: 我对于SPA水疗的认识有多少?

第二步: 在思考过后,通过网络搜索引擎来更深入地了解 SPA水疗（如: SPA水疗对于人体的益处等）。

第三步: 在班级里开办一场关于SPA的知识竞赛。

任务二　学习如何进行 SPA 服务

 SPA的注意事项

（1）在有预约的情况下,应提前 20分钟到达SPA场馆。

（2）随身物品尽量少携带,酒店会准备SPA的全套物品。

（3）SPA中最好避免携带隐形眼镜、戒指、手链、耳环等物件。

（4）饥饿时或餐后 1小时内不适宜进行SPA。

（5）SPA前不要食用含有酒精成分的饮料及食品,SPA后应适当多喝水。

（6）男士如需美容护理,应提前将胡须剃干净。

（7）SPA场馆内应低声细语，以免影响他人。

（8）进入SPA场馆内，应将手机调成震动或静音。

（9）SPA场馆内不得吸烟。

（10）客人可以选择为其服务的芳疗师性别。

SPA的服务流程和标准

▲ SPA水疗

1. 准备工作

（1）打卡签到，换好工作服，佩戴名牌，整理好仪容仪表，参加班前会议，了解自身任务。

（2）服务人员应检查SPA所需的各项物品是否齐全。

（3）服务人员应做好温泉池、淋浴间的卫生工作，并对桌椅进行消毒。

（4）检查SPA馆内的设施设备是否完好。

2. 接待工作

（1）迎接客人时应面带微笑，主动问好。

（2）按照规定迅速地为客人办理登记手续。

（3）服务人员应随时关注客人的需求。

（4）服务人员应礼貌地请客人更换鞋子和衣服，替客人挂好衣物并将衣柜钥匙交予客人保管。

（5）服务人员应提醒客人淋浴后才能进入温泉池。

（6）应婉言谢绝对温泉沐浴有过敏反应或有心脏病、高血压、传染性皮肤病的客人进入温泉池。

（7）客人在温泉沐浴时，要时刻关注水温；当发现客人有异常情况时，应及时抢救。

（8）为客人准备好干浴巾、毛巾等物品。

（9）如果客人初次体验SPA，应为客人作详细说明和介绍。

（10）在为客人做护理的过程中，应多注意客人的感受。

（11）护理结束后，如果客人需要休息则要为客人倒好茶水并根据需要调整灯光和音乐。

（12）护理结束后，如果客人不需要休息则应把客人慢慢扶起，替客人把鞋子放在脚边并询问客人对服务是否满意。

（13）在客人到休息大厅或包间时，为客人送上毛巾，礼貌询问客人是否需要饮料或食物。

3. 结账及送客服务

（1）按照规定，为客人迅速办理结账手续。

（2）客人离开时要主动提醒客人不要忘记随身物品。

（3）检查有无客人遗留的物品。

（4）在营业结束后，按照规定做好交接工作。

语言的艺术

　　一天晚上，A酒店SPA馆的女服务员小王在为一女客人提供更衣服务时，突然发现该客人的腰间有一圈色泽鲜红的小疹子。小王怀疑该客人有传染性皮肤病，因此担心其他客人有意见。虽然 SPA馆有规定谢绝接待患有皮肤病和传染病的客人，但小王觉得不便直接阻止客人进入。经过思考，小王婉转地询问该客人："女士，您最近皮肤有什么不舒服吗？"在与客人聊天的过程中，小王说自己家里以前曾有人得过这种病，SPA水疗可能会加重病情，对身体不好，在治疗期间不适合到公共场所泡浴等。然后，小王给客人端了一杯水，请客人考虑是否要进入。经过小王周到礼貌的服务与劝说，客人打消了进入SPA馆水疗的念头，临走时还向小王表示了感谢。

三　SPA服务的小技能

认识各种精油

1. 薰衣草精油

产地：法国普罗旺斯、意大利托斯卡纳、北海道、澳大利亚、新疆伊犁等地。

主要功效：能快速渗透毛囊，起到消毒抗菌的作用，促进细胞再生，恢复皮肤结缔组织，同时平衡肌肤表层的油脂分泌。薰衣草精油可以清热解毒、清洁皮肤、控制油分、祛斑美白、祛皱嫩肤以及祛除眼袋和黑眼圈，还可促进受损组织再生和恢复。

2. 玫瑰精油（精油之后）

产地：保加利亚。

主要功效：能调整女性内分泌，滋养子宫，缓解痛经，改善更年期不适。此外，它还可平抚情绪，提振心情，舒缓神经紧张和压力。

▲ 薰衣草精油

▲ 玫瑰精油

茉莉精油

3. 茉莉精油（精油之王）

产地：埃及。

主要功效：可起到舒缓情绪、振奋精神、提升自信心的作用，同时可护理和改善肌肤干燥、缺水、过油及敏感的状况，淡化妊娠纹与疤痕，增加皮肤弹性，让肌肤倍感柔嫩。此外，它还能平缓咳嗽。

活动二：

根据所学SPA项目的服务内容，将以下情境中的对话补充完整并进行表演。

王女士入住了A酒店，她听朋友说该酒店的SPA挺不错，于是来到了酒店的SPA馆，由服务员小李为她进行服务。

小李：王女士您好！很高兴为您服务。请问一下，您有什么传染性的皮肤病或心脏病吗？

王女士：为什么要问这个？

小李：_____

王女士：原来如此，我没有传染性皮肤病或心脏病。不过你可以告诉我SPA的精油都有哪些吗？

小李：_____
_____

王女士：原来如此啊！我还想知道SPA水疗的主要作用和功效，你能说给我听听吗？

小李：_____

王女士：我知道了，谢谢你。

小李：这是我应该做的，很高兴为您解答。

◎ 课外主题活动

王女士在A酒店尝试了一次SPA后，对SPA美容这个项目非常喜爱。由于王女士刚接触SPA领域，对SPA的认知还不是很充分，所以她特别想了解SPA中的精油都有哪些作用。请你为王女士推荐一款精油，并说说其特点。

答：_____
_____
_____

拓展阅读

酒店康乐 SPA馆实景欣赏

▲ 泰国清迈文华东方酒店SPA馆

酒店名言

If you are not serving the customer, your job is to serve somebody who is.

如果你不是为客人服务，那么你是在为客人服务的人服务。

模块 二

桑拿浴项目的相关知识及其服务

学习目标

1. 知识目标

 （1）了解桑拿浴的发展过程。

 （2）熟悉桑拿浴项目的设施设备。

 （3）知道桑拿浴项目的作用。

2. 技能目标

 （1）掌握桑拿浴的基本分类。

 （2）掌握桑拿浴项目的服务流程与标准。

 （3）掌握桑拿浴服务的小技能。

任务一　认识桑拿浴

桑拿浴的发展过程

关于桑拿浴起源的说法不一，比较主流的说法是起源于芬兰的乌戈尔族。"桑拿"是芬兰语，原意是指"一个没有窗子的小木屋"。最初的桑拿房不仅没有窗户，甚至连烟囱也没有，浓烟把屋子熏得油黑，因而，那时的桑拿就叫"烟桑拿"。后来，一些富有革新精神的人安装了烟囱，桑拿从此也就有了新面容。

由于北欧气候严寒，人们常年不出汗，于是人们通过桑拿浴让自己大汗淋漓。但是，早些时候的桑拿并不完全是洗浴、取暖、消遣之所，它还有其他重要的功能，如用桑拿房烘亚麻、熏肉、烤肉、准备酿酒的麦芽等。桑拿房甚至还是当时芬兰妇女分娩的地方，因为人们认为那里最卫生、最洁净，还认为蒸汽可以减轻分娩的痛苦。

随着时间的推移，桑拿浴的设备和洗浴方式不断得以改进，特别是随着科学技术的发展，北欧人将先进的科技运用于桑拿浴设备，从而使桑拿浴达到现代化水准。桑拿浴在传入中国后迅速盛行起来，在许多酒店及休闲中心都设有桑拿房。桑拿已成为当代人舒缓压力、放松心情的选择之一。

桑拿浴的设施设备

1. 桑拿房

桑拿房也叫汗蒸房，它包括干蒸房和湿蒸房，但是人们平常说的桑拿房是干蒸房（芬兰浴），蒸汽房是湿蒸房（土耳其浴）。传统桑拿是通过烧矿物石并在上面泼水来产生蒸汽的，而现代桑拿则是利用远红外和负离子来达到桑拿的功效。

2. 桑拿炉

桑拿炉是用来加热的设备，它不断地更新换代，现在的桑拿炉只要按一下开关，电阻丝就会给石头持续加热，安全又方便。

3. 桑拿椅

▲ 桑拿房

桑拿椅包括座椅和支座，其特征在于：座椅和支座的连接处为活动连接，座椅和支座之间有调角器，客人可通过控制调角器来调整座椅的角度。它具有舒适、受热均匀以及利于升降等优点。

▲ 桑拿炉

▲ 桑拿椅

 桑拿浴的分类

1. 中式桑拿浴

中式桑拿浴是桑拿浴融合中国人特有的养生观念后而逐渐形成的有中国特色的洗浴文化，例如结合人体经络穴位的中医桑拿等。

2. 土耳其浴（湿蒸浴）

湿桑拿浴从土耳其传入中国，因而亦称为土耳其浴。土耳其浴是中东地区的一种传统洗浴方式。利用浴室内的高温，使人大汗淋漓，再用温水或冷水淋浴全身，达到清除污垢、舒活筋骨、消除疲劳的目的。

3. 芬兰浴（干蒸浴）

芬兰浴又称三温暖，是指在封闭房间内用蒸气对人体进行理疗的过程。通常桑拿室内温度可以达到90℃以上。利用对全身反复干蒸冲洗的冷热刺激，使血管反复扩张及收缩，从而增强血管弹性、预防血管硬化。此外，芬兰浴对关节炎、腰背肌肉疼痛、支气管炎、神经衰弱等症状或疾病都有一定的保健功效。

 桑拿浴的益处

桑拿不仅能解除疲劳，而且对人的身体有很多好处：

（1）对于皮肤来说，由于蒸桑拿的过程中皮肤的毛细血管明显扩张，大量出汗，血液循环可得到很大的改善。

（2）可以舒缓压力，彻底消除疲劳，使紧张的肌肉、神经放松。

（3）高温可帮助汗液排泄，杀死皮肤表面的细菌，更有助于排出体内的毒素，使皮肤里的各种组织获得更多的营养。

（4）充分改善人体微循环，促进新陈代谢。

（5）可以使肌肤非常柔软，肤质更光滑。

（6）可燃烧多余的脂肪，达到减肥的效果。

（7）蒸过桑拿浴后，能有效地改善人们的睡眠。

（8）可缓解疼痛、松弛关节。

（9）桑拿浴对许多皮肤病（如：鱼鳞病、银屑痛、皮肤瘙痒症等）都有不同程度的治疗作用。

活动一：

在了解了一定的桑拿浴知识后，说说它和SPA有哪些不同的地方。

第一步：利用网络搜索引擎搜集桑拿和SPA的相关知识。

第二步：结合课本和课外收集的知识，以小组为单位，整理并归纳出桑拿和SPA的不同之处。

第三步：各小组派一名代表分享小组讨论的成果。

任务二　学习如何进行桑拿浴服务

 桑拿浴的礼仪及注意事项

（1）应尽量减少随身物品，桑拿房会准备全套物品。

（2）在桑拿房中，避免携带隐形眼镜、戒指、手链、耳环等物品。

（3）在饥饿时或餐后1小时内不适宜进行桑拿浴。

（4）桑拿浴前不要食用含有酒精成分的饮料及食品，桑拿浴后应适当多喝水。

（5）桑拿房内应低声细语，维护房内宁静和谐的气氛。

（6）桑拿房内不得吸烟。

 桑拿浴的服务流程和标准

1. 准备工作

（1）打卡签到，换好工作服，佩戴名牌，整理好仪容仪表，参加班前会议，了解自身任务。

（2）清洁桑拿房、淋浴间、座椅和休息区。

（3）检查桑拿供热装置，并将温度调整到合适的范围。

（4）清点、核查更衣柜钥匙，补充好各类物品（如：大浴巾、小浴巾、毛巾、沐浴露、洗发水等）。

2. 接待工作

（1）迎接客人时应面带微笑，主动问好。

（2）询问客人有无提前预约，向客人介绍各项服务的收费标准。如果客人没有预约且客满，为客人安排好等候顺序并提供报纸、杂志和饮料。

（3）礼貌询问客人是否患有贫血、心脏病、高血压或传染性疾病。

（4）按照规定迅速地为客人办好登记手续，收取押金。

（5）引导客人至更衣室，将钥匙交予客人保管。

（6）客人淋浴后，将其引导至桑拿区，向初次体验桑拿浴的客人作相关介绍。

（7）应随时注意正在桑拿浴的客人，防止发生意外事故。如果客人在桑拿房内停留的时间超过15分钟，则应提醒客人，防止其因体力不支而晕倒。

（8）当客人桑拿结束后，应递上毛巾并引导其至淋浴区。

（9）引导淋浴后的客人至休息区，并递送茶水。

（10）客人结束休息后，引导客人至更衣室更衣。

3. 结账与送客服务

（1）请客人到前台结账。按照规定回收更衣柜钥匙，并为客人迅速办理结账手续。

（2）主动提醒客人不要忘记随身物品。

（3）将客人送至门口并向客人道别，欢迎客人再次光临。

（4）检查有无客人的遗留物品，检查各类设施设备有无损坏。

（5）整理好各种用品，准备迎接下一批客人的到来。

（6）在营业结束后，打扫好桑拿房内的卫生。切断电源，按照规定做好交接工作。

来自美国的客人

某晚，广州A酒店的前台小张接到了一位美国客人从北京打来的长途电话，说三天以后将光临该酒店，想预定周末的标准套房两间外加VIP桑拿洗浴服务。

小张马上翻阅了一下预订记录表。回答客人说，由于近日酒店会议接待较多，标准套房已经全部订满，VIP桑拿洗浴服务也较为紧张。但小张讲到这里并未马上把电话挂断，而是继续以关心的口吻询问："您是否可以推迟两天来？要不，请您直接打电话与B酒店联系询问如何？"美国客人说："我们对广州人地生疏，你们酒店知名度较高，所以还是希望你能想想办法。"

小张考虑了一下，认为应该尽量使客人得到满意的服务和接待，于是以商量的口吻说："非常感谢您对我们酒店的信任，我很乐意为您效劳，我们也非常希望能够接待像您这样尊贵的客人。请不要着急，我建议您和朋友准时来广州，先住两天我们酒店内的豪华套房。每套每天收费只多一百美元，在套房内可以眺望珠江的优美景色，室内设施齐全、空间宽敞、服务一流，相信您入住后会非常满意的。而且，对于豪华套房的客人，我们将会赠送面值两百元人民币的现金消费券，供您在桑拿洗浴中心消费使用。"

小张讲到这里稍稍停顿，以便客人思考。美国客人沉默了几分钟，似乎有些犹豫不决。小张又接着说："想必您并不会单纯计较房价的高低，而是在意豪华套房是否物有所值。请问您什么时候到广州？我们酒店将派送免费专车在机场迎接您。待您到酒店后，我可以陪您和您的朋友去参观一下豪华套房，到时您再作决定，您觉得怎么样呢?"

美国客人听小张这么说,反倒没有坚持要参观豪华套房,而是感谢小张的热心介绍,答应先预订两天豪华套房,只是一定要满足VIP桑拿洗浴服务的要求。小张表示会尽量介绍优秀的按摩技师给他们。最后,美国客人十分满意地挂断了电话。

三 桑拿浴服务的小技能

客人休克时的应急处理

1. 脑贫血休克

表现:因身体衰弱、精神紧张、过度疲劳、饥饿、恐惧等原因而突然昏倒,此外还有头昏、眼花、恶心、呕吐、发冷汗、脸色苍白等症状。

处理方法:迅速让患者头低脚高地睡,头要偏向一侧,以免舌头阻塞呼吸。头上敷热毛巾,嗅芳香氨醑。

2. 脑溢血休克

表现:面色泛红、口角流涎、呼吸发出鼾声,有时两眼瞳孔大小不一,突然昏厥。

处理方法:这种情况比较严重,要迅速使患者头高脚低地睡,不要翻动患者,注意保温,将头偏向一侧,头上敷冷毛巾。可能时,将其双脚浸到热水里泡,立刻找医生治疗。注意不能用兴奋刺激药物。

3. 中暑休克

表现:一般先感疲乏、头痛、头昏、呼吸急促,然后突然昏倒。如果不及时处理,可进一步发生体温升高、四肢抽筋、呕吐、脉搏微弱等症状,并有生命危险。

处理方法:如症状较轻,可将患者移至阴凉处,解开衣服,饮凉盐水,用毛巾冷敷头部及擦洗身体即可恢复。有高烧时,用物理降温,用凉水擦浴并立刻送至医院。

4. 心脏病患者休克

表现:一般表现为疲乏无力、胸闷、呼吸困难、头晕,突然昏倒。

处理方法:暂时不要急于搀扶患者去医院,而应让其稍靠或平仰在松软的座椅上或床上。将保健盒内的急救药(如:苏冰滴、速效救心丸或苏盒丸、益心丸等)含服于口内,并让其休息。同时,立即请医生前来诊治。

活动二:

根据所学桑拿浴项目的服务内容,将以下情境中的对话补充完整并进行表演。

小何在A酒店桑拿浴房进行实习。一天,主管让老王和小何对桑拿浴房进行巡视,小何突然发现一位30岁左右的男子在桑拿房里面色泛红,男子想要站起来,却滑倒在地昏迷了过去。小何立刻冲到男子面前,发现男子不仅面色泛红,嘴角还挂着口水,并且呼吸发出鼾声。

小何：先生！先生！您怎么了？
老王：你别慌！看这症状，这位先生一定是_____！
小何：那我该用什么方法处理呢？
老王：_____
_____
_____
小何：好！我现在立马去找医生！

 课外主题活动

周先生入住了A酒店，他看到酒店设有桑拿浴康乐项目，便想尝试到桑拿房里蒸桑拿。周先生是第一次蒸桑拿，当他进入桑拿房不久后，不料突然晕倒了。医生检查后发现他晕倒是因为贫血所致。周先生想到之前进桑拿房的时候，并没有服务员提醒他有贫血状况的客人不能进行桑拿项目，于是就向桑拿房的主管进行了投诉。如果你是桑拿房的主管，你会怎么做？

答：_____
_____
_____

 拓展阅读

酒店康乐部桑拿房实景欣赏

▲ 马来西亚桃源养生度假酒店桑拿房

▲ 上海万豪酒店桑拿房

酒店名言

Industrious valuable than gold.
勤劳远比黄金可贵。

模块 三

保健按摩项目的相关知识及其服务

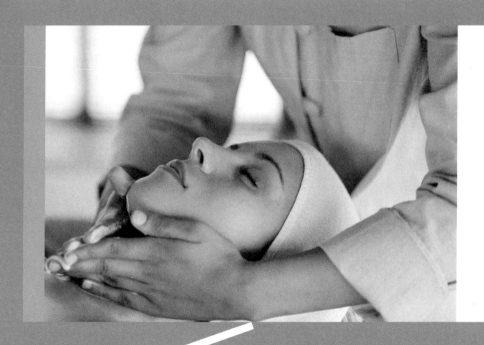

1. 知识目标

   （1）了解保健按摩的发展过程。

   （2）熟悉保健按摩项目的种类。

   （3）知道保健按摩的常用手法。

2. 技能目标

   （1）掌握保健按摩项目的服务流程与标准。

   （2）掌握保健按摩服务的小技能。

任务一　认识保健按摩

保健按摩的发展过程

保健按摩在我国有着悠久的历史，是中华民族的瑰宝。中国《史记》上就曾记载过先秦时期的名医扁鹊，曾用按摩疗法，治疗虢太子的尸厥症。

在原始社会，原始人在生产劳动时或与野兽搏斗中，难免会受一些外伤。当出现疼痛时，他们自然地用手去抚摸，这种按揉逐步产生了效果；当损伤使局部部位隆起时，人们又本能地通过抚摩、揉动使隆起变小或消失，从而缓解了肿痛。另外人们发现，用石片等物件刮擦某些部位也能缓解一些特定的病痛。

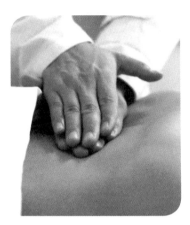

保健按摩

由此，人类本能地重复应用一些能够祛病的抚摸、按揉的手法。经过时间的延续，这些手法得到发展和积累。在长期的认识实践过程中，按摩逐渐从无意识的偶然动作演变成为人们自由运用的、系统的治疗方法，从而逐步形成了现在的保健按摩。

保健按摩的手法颇多，它动作轻柔、运用灵活、便于操作，适用范围甚广，不论男女老幼、体质强弱、有无病症，均可采用不同的手法进行保健按摩。常用的手法有推法、揉法、按法、拍击法、捏法、抖法等。

保健按摩的种类

按摩的种类有许多，其中按照按摩的目的可分为以下几种：

1. 减肥按摩

按摩能够大量消耗和祛除血管壁的脂类物质，扩张毛细血管，增加血液流量，改善微循环，这不仅可减轻心脏负担，而且有利于增强机体的抗病能力，故按摩减肥既能达到减肥的目的，又能增强体质，是肥胖者为早日摆脱痛苦、恢复健美身材而选用的一种好方法。

2. 美容按摩

美容按摩在很久以前就被人们广泛采用，而且被科学和实践证明其是行之有效的美容方法之一。随着经济的发展和人们生活水平的提高，美容按摩已经走向社会，进入家庭，成为人们，特别是女性保养皮肤、延缓衰老的常用方法。

3. 美发按摩

众所周知，头发的生长与保养完全依赖头皮中的血液供给营养，因此，人们头发的好与差，取决于人整体的健康状况。而美发按摩恰恰具有以下两个方面的作用：第一，通过美发按摩，可以促进头皮的血液循环，给头发的生长与保养增加更多、更好的营养成分；第二，头部经络集中，腧穴密布，与脑、脏腑、气血皆有密切关系，通过按摩，不仅能够疏通气血，调理阴阳，而且可以凋节人体内各脏腑的功能，促进人体健康，进而为头发的生长与保养提供有利条件。

4. 沐浴按摩

在我国，沐浴按摩主要是指所谓"泡澡"或蒸气浴后在室内进行的按摩。沐浴按摩一般采用由重到轻的揉捏、振颤、抖动、摇晃、推压、叩击等手法，使客人尽快地消除疲劳。

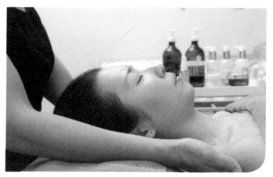

▲ 减肥按摩   ▲ 沐浴按摩

 保健按摩的常用手法

1. 推法

推法适用于按摩的开始、结束以及交替其他手法时。要求用指或掌等部位着力于被按摩的部位上，进行单方向的直线推动。轻推法具有镇静止痛，缓和不适感等作用；重推法具有疏通经络、理筋整复、活血散瘀、缓解痉挛、加速淋巴静脉回流等作用。

2. 揉法

揉法适用于关节、腰背、肌腱和肌肉肥厚的部位。要求用手掌、掌根、拇指或四指指腹等部位着力于皮肤上，作圆形或螺旋形的揉动。揉法具有加速血液循环、改善局部组织的新陈代谢、活血散瘀、缓解痉挛、软化瘢痕和减轻疼痛等作用。

3. 按法

按法适用于关节、腰背部、肩部及四肢肌肉僵硬处。要求指、掌、肘或肢体的其他部分着力，由轻到重地逐渐用力按压在被按摩的部位或穴位上，停留一段时间后再由重到轻地缓缓放松。按法具有疏筋活络、放松肌肉、消除疲劳、活血止痛和整形复位等作用。

4. 拍击法

拍击法适用于肩背、腰臀及四肢等肌肉肥厚处。要求拍打时，两手半握拳或五指并拢，拇指伸直，其余四指的掌指关节屈曲成空心掌，掌心向下。拍击法具有促进血液循环、舒展肌筋、消除疲劳和调节神经肌肉兴奋性的作用。

5. 揉捏法

揉捏法适用于各肌肉部位，常与揉法交替使用。要求拇指外展，其余四指并拢，手成钳形，将全掌及各指紧贴于皮肤上，做环形旋转的揉捏动作，边揉边捏边做螺旋形地（向心方向）推进。揉捏法具有促进局部组织的血液循环和新陈代谢，增加肌力，缓解肌肉痉挛，消除肌肉疲劳和活血散淤等作用。

6. 抖法

抖法适用于肌肉肥厚的部位和四肢关节。要求用双手或单手握住肢体远端，微用力做连续小幅度的上下快速抖动。抖法具有疏筋通络、放松肌肉、滑润关节的作用。

活动一：

试一试，和同学一起来场按摩体验。

第一步：同学两人一组，互相体验按摩的不同手法。

第二步：同学两人之间交流按摩的体验，总结并归纳出注意事项。

第三步：请按摩手法较好的同学上台介绍并示范动作。

第四步：全班交流按摩的体会。

任务二　学习如何进行保健按摩服务

保健按摩的礼仪及注意事项

（1）如果有传染性疾病或不宜接受保健按摩服务的情况应及时告知服务人员。

（2）饥饿时或餐后1小时内不适宜进行保健按摩。

（3）保健按摩前不可食用含有酒精成分的饮料及食品。

（4）在保健按摩室内应低声细语，不得大声喧哗，以免影响他人。

（5）进入保健按摩室后，应将手机调成振动或静音。

（6）保健按摩室内不得吸烟。

保健按摩的服务流程和标准

1. 准备工作

（1）打卡签到，换好工作服，佩戴名牌，整理好仪容仪表，参加班前会议，了解自身任务。

（2）做好保健按摩室内的环境和设施设备的清洁工作（如：对桌椅进行消毒等）。

（3）铺好床单，准备好按摩巾、按摩膏和按摩油等物品。

（4）清点、核查更衣柜钥匙，补充好各类物品。

2. 接待工作

（1）迎接客人时应面带微笑，主动问好。

（2）询问客人有无提前预约，向客人介绍各项服务的收费标准。如果客人没有预约且客满，应为客人安排好等候顺序并提供报纸、杂志及饮料。

（3）礼貌询问客人是否患有贫血、心脏病、高血压或传染性疾病。

（4）按照客人的要求，迅速地为客人办好登记手续，收取押金。

（5）引领客人至更衣室，将钥匙交予客人保管。

（6）引导客人至保健按摩室，礼貌询问客人是否有伤病。

（7）让客人摆好正确的姿势，放松肌肉，同时保持呼吸畅通。

（8）洗净双手，打开计时钟。根据客人的身体状况和要求依次进行按摩。按摩动作规范、有力，及时询问或观察客人的反应。保证足够的按摩时间和适当的力度，以客人感到局部稍稍酸胀为佳。

（9）按摩完毕，用毛巾抹去客人身上的按摩膏、按摩油等，告知客人按摩时间。请客人缓缓起身，以防出现头晕的现象，同时递上热毛巾和养生茶。

（10）将客人引导至休息区，送上茶水和小食。

（11）客人结束休息后，引导客人至更衣室更衣。

3. 结账及送客服务

（1）按照规定为客人迅速办理结账手续。

（2）主动提醒客人不要忘记随身物品。

（3）检查有无客人的遗留物品。

（4）在营业结束后，按照规定做好交接工作。

疼痛的按摩

张先生来到A酒店的保健按摩室进行按摩，由于他工作压力大，生活节奏快，导致长期神经衰弱，睡眠状况不佳。长期的失眠使张先生免疫能力降低，严重影响了工作效率和生活质量。接待张先生的是按摩师小王，小王了解了张先生的这一情况后便开始为其按摩。他先要张先生把脚放进热水盆中浸泡一会儿，然后带好一次性手套，开始在张先生的脚上揉捏起来。由于张先生第一次做足部按摩且脚部承受力不强，所以感觉十分疼痛，便急忙制止小王，生气地说："你这是什么按摩手法呀！怎么这么疼！"小王面带微笑地说："张先生，我现在帮您按的是您脚上的穴位，这样能有效缓解您的失眠情况，如果您觉得不能接受，那我稍微轻和一点，您看可以吗？"张先生听了小王的话后，勉强同意了。第二天，张先生惊喜地发现自己睡了一个好觉，感觉神清气爽，于是他来到酒店，对小王表示了感谢。从此，张先生成了A酒店保健按摩服务的爱好者与推广者，经常光顾。

三 保健按摩服务的小技能

颈椎病的按摩手法

越来越多的人正在受着颈椎病的折磨，颈椎病给患者的日常生活带来了很多不便，采用按摩疗法可以缓解颈椎病的疼痛，有助身体健康。按摩方法如下：

（1）对按头部：双手拇指分别放在额部两侧的太阳穴处，其余四指分开，放在头部两侧，双手同时用力按揉 20~30次。

功效：清脑明目，振奋精神。

（2）梳摩头顶：双手五指微曲，分别放在头顶两侧，稍加压力从前发际沿头顶至脑后做"梳头"动作状 20~30次。

功效：引流导气，促进循环。

（3）按摩百会：用中指或食指按于头顶最高处正中的百会穴，由轻到重按揉 20~30次。

功效：健脑宁神，益气固脱。

（4）按揉风池：两手拇指分别按在同侧风池穴（颈后两侧凹陷处），其余手指附在头的两侧，由轻到重地按揉20~30次。

功效：疏风散寒，开窍镇痛。

（5）揉捏颈肌：将左（右）手上举置于颈后，拇指放置于同侧颈外侧，其余四指放在颈肌对侧，双手用力对合，将颈肌向上提起后放松，沿风池穴向下拿捏至大椎穴20~30次。

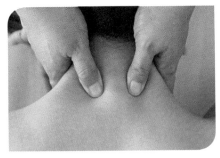

▲ 颈椎病的按摩

功效：解痉止痛，调和气血。

（6）按压肩井：以左（右）手中指指腹按于对侧肩井穴（在大椎与肩峰连线中点，肩部筋肉处），然后由轻到重按压10~20次，两侧交替进行。

功效：通经活络，散寒定痛。

（7）按摩大椎：四指并拢放于上背部，用力反复按摩大椎穴（位于后颈部颈椎中最大椎体下方的空隙处）20~30次，至局部发热为佳，两侧交替进行。

功效：疏风散寒、活血通络。

活动二：

根据所学保健按摩项目的服务内容，将以下情境中的对话补充完整并进行表演。

小陈在A酒店保健按摩中心实习，主管让他跟着按摩师张师傅进行学习。一天，保健按摩中心来了一位40岁左右的男士，张师傅得知他是一位在办公室工作的客户后，对这位先生进行了颈椎按摩。做完按摩之后，这位男士对张师傅的服务非常满意。小陈很好奇，便向张师傅请教。

小陈：张师傅，为什么您要对这位客人的颈椎进行按摩呢？

张师傅：这你就不懂了吧，因为这位客人一直在办公室工作。在办公室工作的人，颈椎方面一般都会有点毛病。

　　小陈：原来如此，那您可以教我如何针对颈椎病进行按摩吗？

　　张师傅：＿＿＿＿＿＿＿＿＿＿＿＿＿＿＿＿＿＿＿＿＿＿＿＿＿＿＿＿＿＿

＿＿＿＿＿＿＿＿＿＿＿＿＿＿＿＿＿＿＿＿＿＿＿＿＿＿＿＿＿＿＿＿＿＿＿＿

　　小陈：原来颈椎病的按摩手法有这么多啊！那麻烦您具体跟我说一下"按摩大椎"的方法和功效好吗？

　　张师傅：＿＿＿＿＿＿＿＿＿＿＿＿＿＿＿＿＿＿＿＿＿＿＿＿＿＿＿＿＿＿

＿＿＿＿＿＿＿＿＿＿＿＿＿＿＿＿＿＿＿＿＿＿＿＿＿＿＿＿＿＿＿＿＿＿＿＿

　　小陈：明白了！看来做保健按摩也不容马虎呀！

　　张师傅：哈哈，小伙子，你还年轻，不着急，慢慢学。

　　小陈：真是谢谢您啊！

◎ 课外主题活动

　　马先生入住了A酒店。他看到酒店设有保健按摩中心，于是就想到按摩中心做按摩，放松一下身心。服务人员为他安排了一位按摩师，但是这位按摩师却比原订的时间晚了15分钟才来。马先生觉得很生气，因为按摩是按时间收费的。于是马先生就向保健按摩中心的主管进行投诉。如果你是保健按摩中心的主管，你会怎么做？

答：＿＿＿＿＿＿＿＿＿＿＿＿＿＿＿＿＿＿＿＿＿＿＿＿＿＿＿＿＿＿＿＿＿＿＿

＿＿＿＿＿＿＿＿＿＿＿＿＿＿＿＿＿＿＿＿＿＿＿＿＿＿＿＿＿＿＿＿＿＿＿＿＿

＿＿＿＿＿＿＿＿＿＿＿＿＿＿＿＿＿＿＿＿＿＿＿＿＿＿＿＿＿＿＿＿＿＿＿＿＿

◎ 拓展阅读

酒店康乐部保健按摩室实景欣赏

▲ 北京励骏酒店保健按摩室

▲ 广州科尔海悦酒店保健按摩室

酒店名言

Do what you do well, and do it better every day.
做你所擅长的并且每天都要做得更好些。

模块 四

氧吧项目的相关知识及其服务

1. 知识目标

　　（1）了解氧吧的基本知识。

　　（2）熟悉氧吧项目的设施设备。

　　（3）知道氧吧的功效。

2. 技能目标

　　（1）掌握氧吧项目的服务流程与标准。

　　（2）掌握氧吧服务的小技能。

任务一 认识氧吧

一 什么是氧吧

　　氧吧的工作原理是通过负离子发生器释放大剂量、高纯度的负氧离子。医学研究表明：对人体有医疗保健作用的是生态负离子。空气中的小负氧离子，或称之为小负氧离子团，具有良好的生物活性，对促进人体健康有很好的作用。负氧离子能有效激活空气中的氧分子，使其更加活跃进而被人体吸收，从而促进人体新陈代谢，提高人的免疫力，调节人体机能平衡，令人心旷神怡，故被喻为"空气维生素"。当空气中产生了足够多的负氧离子时，人们即使身处斗室也可如身处森林和瀑布旁边一般，感觉心旷神怡。

▲ 天然氧吧

二 氧吧的功效

　　（1）解除疲劳：丰富的负离子能使血液呈弱酸性，增强人体抵抗力，并可改善由自律神经失调所导致的各种神经衰弱、头痛、失眠、忧郁等症状。

　　（2）改善呼吸系统：改善肺功能，肺吸收氧气可增加20%以上，可治疗花粉症、过敏性鼻炎，防止呼吸道疾病及一些呼吸道传染病。

　　（3）加强心血管系统：能明显地调节血压，改善心肌功能，增加心肌营养，使周围毛细血管扩张，皮温升高。

（4）维护神经系统：可改善睡眠，且有明显的镇静和镇痛作用。

（5）加速新陈代谢：增进组织及细胞活化，促进血液循环和新陈代谢。

（6）改善血液：可使白血球、红血球、血红蛋白和血小板增多，同时能使球蛋白增加，pH值升高，血凝固时间缩短，血液黏稠度增加。

三 氧吧中的设施设备

1. 负离子转换器

负离子转换器是一种应用于空气负离子生成设备上的转换装置，可将人工生成的负离子转换成等同于大自然产生的负离子，实现了小粒径、高活性、迁移距离远的生态级负离子的生成。这种负离子在不使用风机外吹的情况下，可释放 4~5米的距离。生态级小粒径负离子由于具有良好的生物活性，更易透过人体血脑屏障，起到医疗保健的作用。

2. 制氧机

制氧机能使空气中的氮氧分离，同时祛除各种杂质，制取符合医用标准的、高浓度的新鲜纯氧的制氧设备。

制氧机

活动一：

在学习了氧吧项目的相关知识后，请你通过网络途径寻找一些关于酒店氧吧的宣传资料，随后在课堂上与同学们分享。

第一步：运用网络搜索引擎，搜集关于酒店氧吧项目的宣传资料。

第二步：找到自己感兴趣的一些资料并对其进行整理。

第三步：在课堂上与同学们交流。

任务二　学习如何进行氧吧服务

 氧吧的礼仪及注意事项

（1）如果身体欠佳，应及时告知服务人员。

（2）饥饿时或餐后1小时内不适宜进入氧吧。

（3）进入氧吧前，不要食用含有酒精成分的饮料及食品。

（4）注意不要喷洒香水，避免食用有浓烈气味的食物。

（5）在氧吧内应低声细语，不得大声喧哗，以免影响他人。

（6）进入氧吧后，应将手机调成振动或静音。

（7）氧吧内不得吸烟。

 氧吧的服务流程和标准

1. 准备工作

（1）打卡签到，换好工作服，佩戴名牌，整理好仪容仪表，参加班前会议，了解自身任务。

（2）做好氧吧内的环境清洁工作，对桌椅等设施进行消毒。

（3）补充好矿泉水、饮料、杂志和书籍等物品。

2. 接待工作

（1）迎接客人时应面带微笑，主动问好。

（2）询问客人有无提前预约，向客人介绍各项服务的收费标准，确认开始计时的时间。如果客人没有预约且已客满，应为客人安排好等候顺序并提供报纸、杂志及饮料。

（3）礼貌地提醒客人，如有身体不适的情况可立刻告知服务人员。

（4）按照规定迅速地为客人办好登记手续，收取押金。

（5）引导客人入座并提供矿泉水、饮料、杂志和书籍等物品。

（6）时刻关注客人的情况，若有客人在氧吧中停留时间过长，应礼貌提醒。

3. 结账及送客服务

（1）按照规定为客人迅速办理结账手续。

（2）客人离开时，要主动提醒其不要忘记随身物品。

（3）检查有无客人的遗留物品。

（4）在营业结束后，按照规定做好交接工作。

氧吧里的烟味

小夏是A酒店的氧吧巡查员。这天，她在巡查的过程中发现客人章先生在氧吧内边看书边抽烟。按照规定，为了保持氧吧的环境，必须全面禁烟。所以小夏走到章先生的身旁，礼貌地说："章先生您好，为了保持氧吧内的空气纯净度，所以我们的氧吧是无烟的。另外，如果在氧吧里吸烟的话，会影响到其他客人。"小夏见章先生皱起了眉头，接着说道："如果您想抽烟的话，我们外面有专门的抽烟区域，在那边您可以一边抽烟一边看书，您看可以吧？"章先生听了小夏的话后，对自己的行为表示了歉意，马上掐断了烟头。

 氧吧服务的小技能

制氧机的保养与维护

1. 外壳清洁

制氧机的外壳每月至少擦拭清洁一次。注意先切断电源，用干净柔软且浸过消毒液的微湿抹布擦拭，防止液体渗入机箱缝隙。

2. 清洗过滤网

过滤网的清洁关系着机器的寿命，因此需及时清洗或更换。一级过滤器内的过滤网，每半个月清洗一次；二级过滤器内的过滤网，每月清洗一次。如果滤芯发黑，不管使用时间的长短，都应立即清洗或更换。要用专用清洁剂清洗，并用清水冲洗干净，必须待过滤网干透后，才能安装于机器上。

3. 清洗湿化瓶

湿化瓶中蒸馏水或冷开水应每天更换。湿化瓶应每周清洗一次，先用专业清洁剂冲洗，再用清水冲洗干净，以保证氧气的质量。清洗湿化瓶时，应注意清洗干净瓶内配装的芯管及其底端的滤芯，以保证氧气畅通。

4. 清洗吸氧管

一般吸氧管应每三天清洗一次。吸氧管上的鼻吸头在每次使用后都应清洗，可用5%的高锰酸钾溶液浸泡五分钟后用清水洗干净或用医用酒精擦拭。建议吸氧管每使用两个月更换一次。

5. 更换熔丝管

更换熔丝管也是制氧机维护的一道重要程序。首先必须将电源线拔掉，切断电源，其次再根据各个制氧机熔丝管的说明书来进行更换。

活动二：

根据所学氧吧项目的服务内容，将以下情境中的对话补充完整并进行表演。

小高在A酒店氧吧实习，氧吧的主管让小高跟着老员工老谢学习制氧机保养与维护的方法。

小高：谢师傅，制氧机的保养与维护需要注意些什么呢？

老谢：＿＿＿＿＿＿＿＿＿＿＿＿＿＿＿＿＿＿＿＿＿＿＿＿

＿＿＿＿＿＿＿＿＿＿＿＿＿＿＿＿＿＿＿＿＿＿＿＿＿＿＿＿＿

＿＿＿＿＿＿＿＿＿＿＿＿＿＿＿＿＿＿＿＿＿＿＿＿＿＿＿＿＿

小高：原来制氧机的保养与维护并不简单，真是谢谢您，让我懂得了那么多知识。

 课外主题活动

赵先生入住了A酒店。在酒店的康乐部，赵先生发现了氧吧项目，他从未去过氧吧，于是出于好奇想体验一下。在氧吧里，赵先生感觉自己全身心都得到了放松，疲劳也减轻了很多，他很好奇，于是找来了服务人员询问其原理。如果你是这位服务人员，你会如何解释？

答：＿＿＿＿＿＿＿＿＿＿＿＿＿＿＿＿＿＿＿＿＿＿＿＿＿＿＿＿＿

＿＿＿＿＿＿＿＿＿＿＿＿＿＿＿＿＿＿＿＿＿＿＿＿＿＿＿＿＿＿＿

＿＿＿＿＿＿＿＿＿＿＿＿＿＿＿＿＿＿＿＿＿＿＿＿＿＿＿＿＿＿＿

拓展阅读

酒店康乐部氧吧实景欣赏

▲ 千岛湖秀水度假酒店氧吧

酒店名言

Take little, but give much.

应少索取，而多奉献。

项目五

学习
酒店康乐项目的管理工作

模块 一

酒店康乐部的营销管理

1. 知识目标：

　　（1）理解酒店康乐部营销的含义与作用。

　　（2）了解酒店康乐部营销的特征。

　　（3）了解酒店康乐部的营销环境。

2. 技能目标：

　　（1）掌握酒店康乐部营销的基本策略。

　　（2）掌握酒店康乐部的营销手段。

　　（3）学会设计简单的营销方案。

任务一　了解酒店康乐部营销与市场定位

一　酒店康乐部营销的含义和作用

市场营销是一个人或群体创造产品和服务，并同他人交换以满足其欲望与需求的管理过程。

酒店的产品不是以单纯的实物形态表现出来的，例如康乐服务就属于无形产品。酒店康乐部营销是指酒店为满足顾客需要，通过市场分析、产品开发、价格制定及促销方式选择等手段，将康乐服务销售给顾客的一系列经营活动。酒店康乐部营销管理的作用在于沟通酒店部门与顾客之间、酒店部门之间的各种关系，寻求酒店的最佳效益。

因此，酒店康乐部营销的核心是满足顾客的需求，最终目的是保证酒店获得持续稳定的盈利。简而言之，酒店康乐部营销就是在适当的时间，以适当的价格，通过适当的渠道，采用适当的促销策略，向适当的顾客销售酒店的康乐服务。

▲ 马来西亚万豪酒店

▲ 无锡新湖铂尔曼大酒店

二　酒店康乐部营销的特征

1. 注重服务过程

康乐服务的重点就在于服务的这一过程，所以康乐部营销应更加关注服务过程中员工和顾客进行服务接触的过程，即服务的"真实瞬间"。

2. 注重销售的时效性

康乐服务属于一次性服务，具备服务的短暂性，即随着康乐服务的结束，服务产品本身就不复存在了。酒店不可能把今天没有销售出去的康乐服务保存到明天，这就是酒店康乐部营销面临的比实体产品销售更大的挑战。所以如何合理安排康乐服务的时效性，避免资源闲

▲ 富豪首座酒店

置是酒店康乐部营销无法避免的问题。

3. 注重需求管理

酒店顾客在不同季节、不同时段对康乐服务需求的变化很大。很少有顾客会在雨天进行室外网球运动，可见，酒店康乐部营销还须关注这些变化。

4. 注重内部与外部的营销统一

服务的可变性突出了服务人员的质量良莠不齐。酒店康乐部营销不仅要关注顾客的需要与满意度，同时还必须关注员工的利益和需要，把内部和外部的营销统一起来。例如巴黎里兹豪华酒店的座右铭"我们是淑女和绅士，为淑女和绅士服务"，就很好地体现了这一营销统一的理念。

总之，康乐部营销是康乐部经营的重要组成部分。现代酒店康乐部营销应把握好这四大特征，以顾客需求为导向，通过营销手段，使酒店形象立于不败之林。

 酒店康乐部的营销环境

在制定酒店康乐部的营销策略、确定营销手段和组织营销活动前，首先要了解酒店康乐部的营销环境。我们可以通过SWOT分析法进行营销环境分析，即酒店康乐部经营者通过对营销内外部环境进行系统的诊断，以便清楚地明确自己的优势（Strengths）、劣势（Weaknesses）、机会（Opportunities）和威胁（Threates），从而确定营销策略。

我们把有利于酒店康乐部开展营销活动的内部因素称为优势，如：酒店地理位置优越、康乐设施完善等。反之，不利于酒店康乐部开展营销活动的内部因素称为劣势，如：康乐部员工素质水平较低、康乐部管理紊乱等。机会是指有利于酒店康乐部开拓市场、有效开展营销活动的外部因素，如：享受某项优惠政策、与旅游机构的合作等。反之，威胁是指不利于酒店康乐部开展营销活动的外部因素，如：市场萎缩、竞争对手增多等。

活动一：

自选一家酒店，对其进行 SWOT 分析并和同学分享。

第一步：通过各种渠道收集关于该酒店康乐部营销环境的各项信息。

第二步：列出该酒店的优势、劣势、机会和威胁。

第三步：将探究结果制作成 PPT 并与同学交流分享。

任务二 学习如何制定酒店康乐部的营销策略

 酒店康乐部的营销策略

1. 4P理论

1960年，美国市场营销专家麦卡锡教授在人们营销实践的基础上，提出了著名的4P营销策略组合理论，即产品（Product）、定价（Price）、渠道（Place）、促销（Promotion）。

（1）产品。产品策略是4P理论的核心，是其余策略的基础。酒店在提供康乐服务时，最应注重产品，即康乐服务的项目和质量。

（2）定价。价格策略要考虑的因素包括：价格水平、折扣、付款方式和信用等。由于康乐服务的短暂性和无形性，其定价也更具灵活性。

（3）渠道。酒店利用区域、电子商务、合作伙伴等渠道进行营销，可将酒店康乐服务的资源尽可能地合理分配，但这就要求酒店能对市场进行合理细分。例如，针对亲子类网站渠道，酒店就可提供适合全家进行的康乐项目，即根据不同的渠道提供不同的项目。

（4）促销。促销方式包括广告、人员推销、营业推广、宣传、公益活动等。

2. 7P理论

20世纪80年代初，4P理论经过扩充，在原先的基础上加入了人员（Peoples）、有形展示（Physical Evidences）和过程（Processes），形成了7P理论。下面介绍新增的三大策略。

（1）人员。人员是服务的生产者，因此人员素质的高低是康乐服务品质的重要依据。例如客人享受SPA时，芳疗师是服务的提供者，芳疗师的言行对客户体验会产生巨大影响。

（2）有形展示。酒店康乐部的有形展示包括部门环境、信息沟通和服务价格三大方面。①部门环境：根据不同的项目有着不同的要求，如环境清洁度、休闲区设计、康乐室内部设计等。②信息沟通：强调与有形科技产品的结合。③服务价格：是指物有所值、价格透明化等。例如，酒店康乐部必须定期检查各项设施设备的损坏情况并及时维护或更换，以免在有形展示方面给顾客留下负面印象。

（3）过程。康乐部门对营销过程中可能发生的情况须做好预案和应急补救措施，加强在过程中的监督、调节和控制，从而达到预期的营销效果。

 酒店康乐部的营销手段

1. 活动营销

酒店主办、协办或赞助某项竞赛活动是酒店康乐部营销的重要手段之一，这也是一种行之有效的推广方式。康乐部可以举办各类活动,如网球、桌球、高尔夫球、游泳等运动类康乐项目,也可以是卡拉ok、舞蹈、棋牌等娱乐类康乐项目。酒店通过组织这类赛事活动,既可以吸引大批赛事相关项目爱好者的关注,挖掘潜在客户,也可通过大量媒体对赛事的报道来提升酒店的形象和知名度。

2. 会员制营销

酒店康乐部为了维护老客户和优质客户,可建立会员制(会员俱乐部),这也是一种营销手段。客人通过缴纳一定的会费,就可以享受一定的优惠或 VIP 服务。

活动二:

根据所学的酒店康乐部营销管理的相关知识,为"活动一"中的酒店设计一份营销方案。

第一步:根据"活动一"中的 SWOT 分析结果,为这家酒店制定营销策略。

第二步:为该酒店选择营销手段。

第三步:写出营销方案,制作成 PPT 并与同学交流、分享。

课外主题活动

(1)康乐部营销的特征有哪些?

(2)什么是 SWOT 分析,它有什么作用?

(3)什么是 4P 理论? 什么是 7P 理论?

(4)结合以上问题,寻找一个酒店做实例分析。

答:_____

_____

_____

_____

拓展阅读

酒店康乐部的新媒体营销

酒店康乐部的新媒体营销是指利用新媒体网络平台进行营销的模式,有网站营销、微博营销、微信营销、APP 营销等形式。

1. 酒店网站营销

它是指利用酒店的官方网站进行营销的方式,酒店通过在其网站上设置网页广告、友情链接等方式来推广产品。

2. 酒店微博营销

微博是最近几年迅速发展起来的营销媒介，多数酒店集团都开有官方微博。在信息化时代，把握好这一营销手段对酒店至关重要。酒店可通过在微博平台上与客户互动来提高关注度，传递企业文化，借此展示酒店个性。同时也要积极关注微博评论，解决留言者的实际问题，提升顾客对酒店的信任感。

3. 酒店微信营销

微信公众号附带了推送模式，这使得酒店康乐部营销可以更加细化和直接。通过微信公众号的不同功能，酒店可以设置康乐服务介绍、预定等功能，也可推送康乐服务优惠活动，从而达到宣传的目的。此外，还可以利用二维码折扣、微信互动等方式来关注客户体验与感受。

4. 酒店APP营销

酒店APP营销有两种形式：一种是通过与一些旅游类APP平台进行合作，推出具有特色的优惠活动，吸引顾客光临；另一种是酒店自行开发APP应用软件，提供手机预约、手机推广等功能。例如，洲际酒店在推出手机APP之后，半年内产生的预订量增长了约10倍，移动端预定收入突破千万美元。

酒店名言

给客人真挚的问候，这正取决于你的面部表情和眼睛。

模块

酒店康乐部的人力资源管理

1. 知识目标

　　（1）了解人力资源管理的概念。

　　（2）了解人力资源管理的意义。

　　（3）了解酒店康乐部的人力资源管理。

　　（4）熟悉酒店康乐部门人力资源管理的任务。

　　（5）熟悉酒店康乐部门人力资源管理的特点。

2. 技能目标

　　（1）了解康乐部门员工招聘及录用的方法。

　　（2）知道康乐部门员工培训与管理的方法。

　　（3）能够运用学到的面试小技巧进行模拟面试。

任务一 了解人力资源管理的概念及意义

一 **人力资源管理的概念**

人力资源是指在一定的时间和空间条件下，现实和潜在的劳动力的数量和质量的总和。

人力资源管理是根据企业发展战略的要求，有计划地对人力资源进行合理配置，通过对企业中员工的招聘、培训、使用、考核、激励、调整等一系列过程，调动员工的积极性，发挥员工的潜能，为企业创造价值，确保企业战略目标的实现，是企业的一系列人力资源政策以及相应的管理活动。这些活动主要包括企业人力资源战略的制定、员工的招募与选拔、员工的培训与开发、绩效管理、薪酬管理、员工流动管理、员工关系管理以及员工安全与健康管理等。

▲ 人力资源管理

二 **人力资源管理的意义**

（1）对人力资源外在要素，即量的管理。量的管理就是根据人力和物力及其变化，对人力进行恰当的培训、组织和协调，使二者经常保持最佳比例，使人和物都充分发挥最佳效应。

（2）对人力资源内在要素，即质的管理。质的管理主要是指采用现代化的科学方法，对人的思想、心理和行为进行有效的管理（包括对个体和群体的思想、心理和行为的协调、控制和管理），充分发挥人的主观能动性，以达到组织目标。

三　**酒店康乐部的人力资源管理**

康乐部人员定岗是否恰当，不仅对康乐部的工作效率、服务质量有直接影响，而且对劳动力成本的开支、经营管理的成本都有直接的影响，所以康乐部门的人力资源管理是尤为重要的。

 四　**酒店康乐部人力资源管理的任务**

康乐部门人力资源管理的主要任务是确保组织和部门在需要的时间和岗位上获得所需要的合格人员，并使组织和个人长期受益。在组织和员工目标达到最大一致的情况下，使人力资源的供给和需求达到平衡。

▲ 酒店的人力资源管理

 五　**酒店康乐部人力资源管理的特点**

（1）在管理理念上，人力资源是一切资源中最宝贵的资源，经过开发的人力资源可以升值，能给酒店带来巨大的利润。

（2）在管理内容上，重点是开发人的潜能，激发人的活力，使员工能积极、主动、创造性地开展工作。

（3）在管理形式上，酒店康乐部人力资源管理强调整体开发，即要根据酒店目标和个人状况，为员工做好职业生涯设计，通过培训和职位调整，充分发挥个人才能。

（4）在管理方式上，酒店康乐部采取人性化管理，即考虑人的情感、自尊与价值。

（5）在管理手段上，可通过人力资源信息系统自动生成结果，及时准确地为管理者提供决策依据。

（6）在管理层次上，人力资源管理部门处于决策层，直接参与酒店的决策。

活动一:

搜集酒店的招聘信息，谈谈自己的体会。

第一步: 通过网络收集一条酒店的招聘信息。

第二步: 结合这条招聘信息，谈谈自己的体会。

任务二　熟悉酒店康乐部的培训与人事管理

一　员工的招聘

员工招聘是指组织根据人力资源管理规划和工作分析的要求，从组织内部和外部吸收人力资源的过程。员工招聘包括员工招募、甄选和聘用等内容。

员工招聘在人力资源管理工作中具有重要的意义。招聘工作直接关系到企业人力资源的形成，有效的招聘工作不仅可以提高员工素质、改善人员结构，也可以为组织注入新的管理思想，为组织增添新的活力，甚至可能给企业带来技术、管理上的重大革新。招聘是酒店整个人力资源管理活动的基础，有效的招聘工作能为以后的培训、考评、工资福利、劳动关系等管理活动打好基础。因此，员工招聘是人力资源管理的基础性工作。员工招聘的途径有以下几种：

1. 外部招聘

外部招聘的渠道大致有：人才交流中心、招聘洽谈会、传统媒体广告、网上招聘、校园招聘、人才猎取和员工推荐等。

2. 内部招聘

内部招聘就是将招聘信息公布给酒店内部员工，员工自己可以来参加应聘。

二　员工的培训与管理

康乐部可结合本部门的培训需求，制定"年度培训计划表"。之后人力资源管理者应严格执行年度培训计划，并对其进行监督、考核与管理。培训通常包括以下几方面：

（1）基础知识培训：包括酒店的基本情况介绍、管理制度、企业文化、环境安全、职业健康等方面的培训。

（2）岗位技能培训：包括专业知识、设备操作、服务标准等方面的培训，由所在岗位的负责人组织培训并考核，合格者方可上岗，考核结果作为试用期考核依据。

▲ 员工的培训与管理

（3）安全教育培训：包括酒店安全常识培训、酒店突发事件处理技能培训、酒店消防应急工作等。

酒店康乐部门面试的小技巧

面试中的基本礼仪

求职者一旦和用人单位约好面试时间，一定要提前5~10分钟到达面试地点，以表示自己的诚意，给对方以信任感。同时也可调整自己的心态，作一些简单的仪表准备，以免仓促上阵，手忙脚乱。求职者可提前去一次面试地点，以免因一时找不到或途中延误而迟到。

此外，在面试过程中还须注意一些礼仪，例如：门关着，应先敲门，得到允许后再进去；开关门动作要轻，以从容、自然为好；见面时要向招聘者主动问好致意，称呼应当得体；用人单位请你坐下时，应道声"谢谢"；坐下后保持良好体态，切忌大大咧咧，左顾右盼，满不在乎；离去时应询问"还有什么要提问的"，得到允许离开的答复后，应微笑起立，道谢并说"再见"。

对用人单位的问题要逐一回答。对方向你介绍情况时，要认真聆听。为了表示自己已听懂并感兴趣，可以在适当的时候点头或适当提问、答话。回答主试者的问题时，口齿要清晰，声音要适度，答话要简练、完整。

活动二：

根据所学康乐部门面试中的基本礼仪，将以下情境中的对话补充完整并进行表演。

小李要到A酒店去面试，为了这场面试，他（她）做了大量准备并提前来到面试场。现在轮到小李入场面试了。

小李敲门。

面试官："请进。"

（小李走进面试的房间后向面试官打招呼）

小李：_____

面试官："请坐。"

小李：_____

面试官："请介绍一下自己。"

小李：_____

面试官："你了解酒店的康乐部门吗？请简述一下。"

小李：_____

面试官：_____

（之后的问题可自由发挥）

面试官："今天就到这里吧。"

小李：_____

课外主题活动

（1）以下哪一项不属于招聘的途径？（　　）

A. 传统媒体广告　B. 网上招聘　C. 校园招聘　D. 人事调动

（2）以下哪一项不属于外部招聘？（　　）

A. 人才交流中心　B. 招聘洽谈会　C. 传统媒体广告　D. 内部提拔

（3）酒店康乐部人力资源管理的任务是什么？

_____

（4）你觉得校园招聘的方式有哪些优点？

_____

（5）你知道酒店康乐部面试有哪些小技巧吗？

_____

拓展阅读

常用的员工激励方法

1. 物质激励

物质激励是指运用物质的手段使受激励者得到满足，从而进一步调动其积极性、主动性和创造性。按照奥尔德弗的ERG理论，人有三种基本需要：生存需要、关系需要和成长需要，并且多种需要可能会同时存在。物质激励是最基本的形式，通过利益杠杆激励员工加倍努力，取得更好的业绩。物质激励包括以下几种类型：

（1）收入：工资、奖金等都是反映酒店员工的贡献大小的表现形式之一。通过浮动工资、绩效工资等方式能有效激励员工的工作表现。

（2）福利：包括旅游、节日礼物、高温礼物等。这能让员工感受到企业对其的关注，增强员工的归属感。

（3）其他物质奖励：实物奖励、年终奖励等。此类形式多用于员工有重大贡献或特殊贡献时。

2. 尊重和实现激励

尊重是加速员工自信力爆发的催化剂，尊重和实现激励是一种基本激励方式。上下级之间的相互尊重是一种强大的精神力量，它有助于企业员工之间的和谐，有助于企业团队精神和凝聚力的形成。尊重和实现激励包括以下几种类型：

（1）人才激励：如选送员工进行培训学习等，可以提升员工的文化水平和服务水平，给予员工提升自己的机会，同时也有助于发掘员工自身的潜力。

（2）荣誉激励：当员工做出重大贡献或者表现突出时，应授予其荣誉，并且广泛宣传，以扩大影响。这种方式也可与物质激励有机结合，从而发挥出更好的效果。

（3）职位激励：给予员工职位升迁的机会，员工为证明自身能力、实现个人价值，会更认真、积极地完成工作。

3. 目标激励

目标激励就是确定适当的目标，诱发员工的动机和行为，达到调动员工积极性的目的。酒店、康乐部门以及员工都有着其各自的目标，酒店管理者应发掘出三者的共同目标并有机结合，协助员工制定详细的实施步骤，在随后的工作中引导和帮助他们实现目标。

4. 领导行为激励

领导者的激励行为能让员工感受到被酒店尊重与关注。因此，领导行为激励对于员工创造性地完成工作有极大的作用。领导行为激励包括以下几种方式：

（1）情绪激励：管理者的情绪很容易对员工产生影响。管理者应保持高涨的情绪、十足的信心和平和的态度，这能最大限度地调动员工的积极性。

（2）期望激励：管理者如果充分肯定员工并对其抱有较高的希望，员工就会对自己充满信心，因而也会在工作岗位中尽可能地展现出自身能力。当然，如果期望过高，员工可望而不可及，则会适得其反，使员工有懈怠心理。

（3）榜样激励：领导者本身就应起好榜样示范的作用。管理者自身必须树立榜样，以身作则，这样才能使员工有努力的方向。

酒店名言

我们总是谨慎地谈及宾客的各种信息，因为透露宾客的隐私可能会给其带来各种各样的麻烦，甚至可能会间接或直接导致宾客的流失。

模块

酒店康乐部的卫生管理

1. **知识目标**

　（1）了解酒店康乐部卫生管理的含义。

　（2）了解酒店康乐部门卫生管理的内容及其标准。

2. **技能目标**

　（1）能够做到康乐部门员工个人卫生的各项要求。

　（2）能够为客人提供符合卫生标准的康乐项目环境。

任务一　认识酒店康乐部的卫生管理

一　酒店康乐部的卫生管理

酒店康乐部卫生管理是指为了给客人提供干净、整洁、卫生的消费环境，提高服务与管理质量，从而对康乐部员工的个人卫生、康乐部各设施设备的消毒保洁以及康乐部公共环境卫生等方面进行的一系列卫生管理工作。

酒店康乐部的卫生管理工作不同于酒店其他部门。因为康乐部的服务项目繁多（每个项目的卫生标准均不同），设施设备的数量庞大且客人接触设备的频率高，所以康乐部的卫生工作量相当大且繁琐。例如，客人在结束 SPA 后，其使用的各项设备都需要消毒。又如，游泳池需要按规定对水质进行消毒。

二　酒店康乐部卫生管理的内容及其标准

酒店康乐部卫生管理的内容包括员工个人卫生管理、物品及设备卫生管理、食品卫生管理和公共卫生管理等方面。

1. 员工个人卫生管理

（1）员工仪容仪表和个人卫生要符合酒店的相关规定。

（2）掌握必要的卫生知识。

（3）无疾病、心理健康，须持"健康证"上岗。

2. 物品及设备卫生管理

在物品及设备卫生管理方面，我们要保证康乐部的设施设备表面光亮、平整、无异味、无损坏、无抹痕且摆放整齐有序。此外，对需要消毒的物品或设备，应按照相关规定进行消毒。

▲ 员工仪容仪表

3. 食品卫生管理

在食品卫生方面，我们要严格执行《中华人民共和国食品安全法》以及酒店关于食品卫生方面的相关规定。

4. 公共卫生管理

公共卫生区域通常由酒店专门的卫生清理部门和人员对所负责的区域进行专业化清洁与管理。此外，康乐部的每一名员工都负有保持自己所负责区域清洁卫生的责任，且员工之间要相互监督、提醒，一旦发现需要清理的地方应及时通知相关的负责人员进行清理。卫生管理人员对下级的卫生工作负有管理连带责任。

为了检验卫生管理的效果,我们还需要进行卫生检查。按照员工自检、班组检查、部门检查、职能部门检查的四级检查制度,采用常规检查、专项检查、暗查、暗访的方式进行。对检查出的问题,须按照相关标准追究责任。

▲ 酒店的卫生管理(1)

▲ 酒店的卫生管理(2)

活动一:

在酒店或其他公共场所收集不卫生场景的照片并与同学交流。

第一步:到酒店或其他公共场所,寻找你认为不卫生的地方。

第二步:将这些不卫生的场景用手机或相机拍下。

第三步:在班上展示照片并说说怎么做才能改进卫生状况。

任务二 学习康乐部卫生管理工作的具体要求

 一 **康乐部门员工的个人卫生要求**

1. 工作服

(1)工作服应经常换洗、定期消毒。

(2)不得穿潮湿、有油渍或污渍的工作服上班。

2. 发须

(1)应经常清洗头发,保持头发清洁,不得有油腻、污垢。

（2）男士不得留超过衣领的长发，不得留长鬓角，不得留超过0.2厘米长的胡须。

（3）女士不得留披肩发，若头发长可将其盘在工作帽中或用发卡夹牢。

3. 指甲

（1）勤剪指甲，指甲的长度一般不得超过0.1厘米。

（2）不得涂指甲油。

（3）指甲缝不得有明显的污垢。

4. 洗手

（1）服务人员在上岗、进行柜台服务工作前必须洗手消毒。

（2）手接触不洁净的物品后，应及时清洗。

（3）清洗好的手应自动沥干或用烘干机烘干。不得用抹布，尤其是不干净的抹布擦干。

（4）服务人员在上洗手间后应及时洗手。手应在洗手间内清洗，不得在操作间内的水龙头中清洗，以免水池或其他食品被污染。

（5）服务人员在处理垃圾后，应及时洗手消毒。

5. 化妆

（1）上班时，女性服务人员可以化淡妆，不得化浓妆。

（2）服务人员不得戴戒指、手镯、显眼的项链、首饰等个人物品。

康乐部各项目的卫生管理要求

1. 网球

（1）保证网球场的场地整洁、干净。

（2）记分牌应干净、清晰。

（3）观众席的座椅和走道应整洁、干净。

（4）球拍应保证干净、无汗腻。

2. 保龄球

（1）保龄球保持光洁、干净。

（2）球道须干净、光滑，球道油的油膜厚度应符合要求。

（3）球员座椅保持干净、无杂物。

（4）公用鞋存放柜应整洁、无垃圾；公用鞋面无污迹、无异味。

（5）保龄球房的地面、墙面应保持干净、整洁。

3. 桌球

（1）桌球台的台呢无污渍、无尘土，色泽鲜明，绒毛柔顺。

（2）桌球台的台边及台腿光洁无尘、无污渍。

（3）球杆、杆架光洁滑润、无汗渍。

（4）桌球球面光洁、色彩鲜亮。

▲ 网球场

▲ 保龄球馆

4. 高尔夫

（1）球场地面保持干净。

（2）球杆无油腻感。

（3）确保球无变形。

（4）球座、衣柜、高尔夫车等设施设备保持清洁完好。

（5）休息区保持干净、整洁。

5. 壁球

（1）保持壁球场馆内地板整洁、干净。

（2）记分牌应干净、清晰。

（3）观众席的座椅和走道应整洁、干净。

（4）壁球拍应保证干净、无油腻。

（5）壁球鞋存放柜应整洁、无垃圾；壁球鞋面无污迹、无异味。

6. 羽毛球

（1）球场地板保持干净、整洁。

（2）球场墙面、门和窗保持干净、整洁。

（3）球场观众席保持干净、整洁。

（4）球拍干净、无汗腻。

（5）羽毛球网应保持洁净。

7. 乒乓球

（1）球台表面无灰尘、无油腻感；球台架无灰尘。

（2）地面无杂物、灰尘，无水迹。

（3）墙壁无灰尘，墙角无网状物。

（4）窗户和窗台无灰尘、杂物、积水。

（5）球拍无灰尘、无油腻感。

（6）球场内的座椅无灰尘且摆放整齐。

（7）乒乓球无灰尘、变形。

8. 游泳池

（1）游泳池壁干净、明亮。

（2）池水清澈干净。

（3）躺椅干净整洁。

（4）浴巾须清洗并消毒。

（5）及时准确地投放相应剂量的消毒药水。

9. 健身房

（1）健身房内地面干净、整洁。

（2）玻璃明亮、干净。

（3）健身器材干净、无油腻感。

▲ 高尔夫球场

▲ 乒乓球室

▲ 游泳池

▲ 健身房

（4）休息区干净整洁。

10. 室内攀岩

（1）场地保持干净、整洁。

（2）岩壁保持干净、整洁。

（3）安全器械保持干净且无油腻感。

11. 卡拉 OK

（1）地面、墙壁保持干净整洁。

（2）窗户窗台无灰尘、无积水；玻璃保持明亮干净。

（3）保持话筒等设备的干净整洁。

（4）沙发、桌子保持干净整洁。

▲ 卡拉OK厅

12. 舞厅

（1）保持舞池地面干净、整洁。

（2）保持卡座和桌椅干净、无灰尘。

（3）确保地面干净，无水渍。

（4）设施设备干净、无灰尘。

13. 棋牌室

（1）地面保持干净整洁。

（2）墙壁保持干净、无灰尘。

（3）座位干净、无灰尘。

（4）棋牌保持干净、无油腻感。

（5）台桌保持干净、无灰尘。

▲ 舞厅

14. 电动游戏厅

（1）地面保持干净整洁。

（2）墙壁保持干净、无灰尘。

（3）售币服务台的台面光洁、无灰尘，物品摆放整齐。

（4）游戏机应干净、无油腻感。

15. 酒吧

（1）地面保持干净整洁。

（2）墙壁保持干净、无灰尘。

（3）座位保持干净整洁。

（4）杯子应保证光洁明亮。

▲ 酒吧

16. SPA、桑拿浴、保健按摩

（1）地面保持干净整洁。

（2）墙壁应干净无灰尘。

（3）窗户和窗台无灰尘、无积水；玻璃应明亮、干净。

（4）洗护用品必须进行消毒。

（5）浴巾应进行洗涤并消毒。

▲ SPA水疗室

17. 氧吧

（1）保持氧吧地面干净整洁。

（2）保持墙面装饰干净、整洁。

（3）沙发、座椅须保持干净、整洁。

（4）供氧设备的滤芯应及时更换。

活动二：

　　根据所学到的康乐部卫生管理知识，将以下情境中的对话补充完整并进行表演。

　　小钱到A酒店康乐部的健身房实习。这天老员工老周带着他对健身房进行卫生检查。小钱对健身房的卫生标准不是很清楚，于是向老周请教。

　　小钱：周师傅，你能告诉我健身房的卫生都需要注意哪些方面呢？

　　老周：＿＿＿＿＿＿＿＿＿＿＿＿＿＿＿＿＿＿＿＿＿＿＿＿＿＿＿＿＿＿＿＿

　　小钱：＿＿＿＿＿＿＿＿＿＿＿＿＿＿＿＿＿＿＿＿＿＿＿＿＿＿＿＿＿＿＿＿

　　老周：＿＿＿＿＿＿＿＿＿＿＿＿＿＿＿＿＿＿＿＿＿＿＿＿＿＿＿＿＿＿＿＿

　　小钱：＿＿＿＿＿＿＿＿＿＿＿＿＿＿＿＿＿＿＿＿＿＿＿＿＿＿＿＿＿＿＿＿

　　老周：＿＿＿＿＿＿＿＿＿＿＿＿＿＿＿＿＿＿＿＿＿＿＿＿＿＿＿＿＿＿＿＿

　　小钱：＿＿＿＿＿＿＿＿＿＿＿＿＿＿＿＿＿＿＿＿＿＿＿＿＿＿＿＿＿＿＿＿

 **课外主题活动**

　　小吴是刚来A酒店康乐部高尔夫球场实习的新进员工。她在实习时碰到了一个问题——不知道自己在实习时该如何穿着打扮是最合适的。请你告诉小吴该如何使自己的仪容仪表符合要求。

答：＿＿＿＿＿＿＿＿＿＿＿＿＿＿＿＿＿＿＿＿＿＿＿＿＿＿＿＿＿＿＿＿＿＿＿

＿＿＿＿＿＿＿＿＿＿＿＿＿＿＿＿＿＿＿＿＿＿＿＿＿＿＿＿＿＿＿＿＿＿＿＿＿＿

＿＿＿＿＿＿＿＿＿＿＿＿＿＿＿＿＿＿＿＿＿＿＿＿＿＿＿＿＿＿＿＿＿＿＿＿＿＿

＿＿＿＿＿＿＿＿＿＿＿＿＿＿＿＿＿＿＿＿＿＿＿＿＿＿＿＿＿＿＿＿＿＿＿＿＿＿

拓展阅读

游泳池水净化消毒的具体方法

游泳池水净化处理一般按照以下步骤：

1. 混凝

向池中投入适量铝盐、铁盐、高分子等混凝剂，使混凝剂与水中的杂质作用生成大颗粒沉淀物，大颗粒在游泳池内静止分离，沉淀物沉在池底，上层得到清水。然后通过泵或虹吸管将沉在池底部的沉淀物除去。

2. 消毒

消毒是游泳池卫生管理的重点，池水受细菌污染的程度一般是用细菌总数和大肠杆菌数来测定的。普遍采用的是氯或氯系消毒剂，也可使用银离子、臭氧、碘系药等。用氯系消毒剂消毒时，为了得到确实的效果，整个游泳池内的余氯必须达到一定浓度。余氯有较强的杀菌作用，随着杀菌作用的发挥，余氯不断减少，所以，需要经常向泳池投放氯，并通过循环系统使余氯均匀分散。

3. 过滤

为了使水质时刻保持洁净，有效的办法就是定时对池水进行过滤，目前过滤设备种类很多，比较常见的是硅藻土过滤技术和膜过滤技术。硅藻土是一种多孔性化石，用于吸附有机化合物、高分子聚合物、蛋白质、金属离子等。膜过滤技术的作用原理是扩散和筛分控制，膜过滤系统过滤面积大，过滤速度快，从而使泵的水阻减小，减少了水泵的电耗，同时也能大大提高过滤精度。为了保证池水清洁，一般每天过滤一次，若客人较多，则需每6~8小时循环过滤一次。

在泳池开放前，应化验游泳池水质，根据检测结果进行消毒。定时定次做好余氯量的检查记录，以便加氯消毒。

人工游泳池水质卫生标准值

项目	标准值	项目	标准值
池水温度（℃）	22~26	游离性余氯（mg/L）	0.3~0.5
pH 值	6.5~8.5	细菌总数（个 /ml）	≤ 1000
浑浊度（度）	≤ 5	大肠杆菌（个 /L）	≤ 18
尿素（mg/L）	≤ 3.5	耗氧量（mg/L）	≤ 6

酒店名言

　　在某种情况下，你可能不能立即接待宾客，但绝对不要对他不理不睬，因为这会令他感觉自己不受重视。在这种情况下，可以通过打招呼、眼神或者其他方式让宾客知道你暂时不能接待他，这样可以消除宾客因为等待而产生的不愉快。